转型 要素成本上升与中国外贸方略

张燕生　杨长湧　蒋钦云　程海星◎著

TRANSFORMATION FACTOR COST RISING AND CHINA'S FOREIGN TRADE STRATEGY

北京

图书在版编目（CIP）数据

转型：要素成本上升与中国外贸方略/张燕生，杨长湧，蒋钦云，程海星著

北京：中国经济出版社，2012.11

ISBN 978-7-5136-1578-5

Ⅰ.①要… Ⅱ.①张… ②杨… ③蒋… ④程… Ⅲ.①中国经济—对外经济—经济发展—经济模式—研究 Ⅳ.①F125

中国版本图书馆 CIP 数据核字（2012）第 096829 号

责任编辑 聂无逸

责任审读 贺 静

责任印制 常 毅

封面设计 华子图文

出版发行 中国经济出版社

印 刷 者 北京市昌平区新兴胶印厂

经 销 者 各地新华书店

开 本 710mm×1000mm 1/16

印 张 10.25

字 数 163 千字

版 次 2012 年 11 月第 1 版

印 次 2012 年 11 月第 1 次

书 号 ISBN 978-7-5136-1578-5/F·9330

定 价 39.00 元

中国经济出版社 **网址** www.economyph.com **社址** 北京市西城区百万庄北街 3 号 **邮编** 100037

本版图书如存在印装质量问题，请与本社发行中心联系调换（联系电话：010-68319116）

致 谢

Acknowledgment

本项研究应当特别感谢香港溢达集团董事长兼首席执行官杨敏德女士，副董事长、溢达中国控股有限公司主席车克焘先生的大力资助以及贡献的许多很有价值的观点。

We sincerely thank Ms. Marjorie Yang, Chairman of Esquel Group, and Mr. John Cheh, Vice Chairman of Esquel Group, and Chairman of Esquel China Holdings Ltd, for their generous financial support and valuable viewpoints to the project.

前 言

据中国统计局的初步测算,我国2012年前三季度GDP按可比价格计算,同比增长7.7%。其中,一季度增长8.1%,二季度增长7.6%,三季度增长7.4%,仅高于2009年一季度6.6%。从环比看,三季度国内生产总值增长2.2%。

当前,全球经济确实更加错综复杂。首先,在IMF最新公布的经济预测报告中,将2012年全球经济增长率降至3.3%,是2009年以来最低增速。同时,IMF还下调了中国和印度经济增长率的预测值,预计中国和印度2012年的经济增长率将分别是7.8%和4.9%。其次,目前国际各机构最新公布的全球、欧美、中国的先行指标PMI(采购经理指数)大多在50%以下,这说明全球及主要国家经济尚处于收缩状况。主要国家和地区经济先行指标多数是2009年6月以来最低的。再次,当前美、日、欧的整体经济都不差钱,但问题是钱就是进入不了各自的实体经济部门。如美国大公司目前整体上已经度过危机难关,手中持有的现金额已显著超过危机前的2007年,但这些大企业就是不愿扩大投资和扩张。这主要反映大企业对欧美及全球经济的未来前景预期悲观。第四,美、日、欧的政府财政(和银行)都缺钱,财政危机、财政悬崖、财政紧缩,直接制约了它们重振经济增长的调控能力。最后,大家都不想浪费这场危机,都希望通过这场危机推动本国中长期的结构调整。如美国要重振高端制造业,欧洲要深化财政和货币一体化,日本要搞第二次明治维新,金砖国家也在推动结构调整。但是,2007年以来危机已过5年了,美、日、欧经济仍深陷"缺需求、缺信心、缺办法"的泥潭中挣扎。它们的短期经济复苏主要靠量化宽松和扩大出口。由此必然拖累我国经济的增长与发展。而长期结构调整将是一场世界竞赛,如果不能有效利用这场危机加快加大调整,就势必在新一轮竞赛中被淘汰出局。

我国当前的宏观经济问题,主要不是短期的稳定增长问题,而是中期调结构和长期促改革、转方式的问题。首先，我国GDP的潜在增长水平将下调已经成为普遍共识。下调后的可持续增长水平估计在7%至8%之间。如果2012年我国经济增长率能够保持在7.5%左右，就是一个正常的经济增长率。其次，在全球经济和外贸减速、我国经济和引资减速的综合作用下，2012年我国外贸增长减速将成为定局，预期增速将从过去的20%以上下降到个位数。对此，外贸拉动经济增长的引擎作用下降的宏观影响，就成为人们关注的一个重点和焦点。事实上，我国"大进大出"的外贸模式会在一定程度上高估外贸和外部冲击对我国经济增长的影响。再次，东部地区经济增长减速已基本成为定局。即使各地采取更激进的招商引资策略，启动更大规模的投资项目，更努力地追求GDP优先目标，也只会延缓减速进程，同时会更趋近于增长极限。对此，只有把握危机调整的机遇，加快推进调结构、转方式、促改革，才可能迎来新一轮的快速增长期。第四，我国重化行业、建筑和房地产行业以及与之相关的装备制造业也将进入一个长期调整时期。在美国金融和房地产泡沫与中国高增长时期叠加所形成的巨大产能，将进入一个需要脱胎换骨转型的痛苦期。最后，我国已经进入要素价格全面上涨的时期。其中既包括劳动力、土地、能源资源成本持续上升，又包括人民币汇率、利率和消费者价格指数，还包括社会福利、社会保障和环境成本。这些成本上升主要是刚性的、长期持续的、结构性因素驱动的，并对供给端转型和升级带来巨大压力和严峻挑战。

2012年是中国经济转型的转折年。虽然我国2012年第三季度GDP增长7.4%，是2009年二季度以来14个季度的新低。但与1998和2008年应对危机的形势不同，2012年我国经济结构正在发生变化，宏观经济在呈现出总量减速、外贸下滑、效益下降的同时，还发生了结构优化、就业增加、城乡和区域差距缩小等新变化，结构调整初见成效。对此，我把它概括为宏观经济减速下的调整之谜。

一是"就业之谜"。2012年前三季度GDP减速而就业形势依然很好，这是为什么？有两组数据的对比，一是"十一五"时期，GDP年均增速11.2%，而城镇年均新增就业只有1140万人，虽然"十一五"年均新增就业比"十五"多增加210万人，但却低于2012年，如2012年前三季度，GDP增速7.7%，城镇新增就业1024万人，将超过"十一五"的年均就业水平。仅仅用就业是滞后变量的说法，难以解释2012年就业弹性变化。二是2012年前八个月，浙江省城镇失业率3.12%,是14年以来最低的。一方面,浙江省民营企业转型升级举步维艰,另一方面,就业形势依然很好。这在一定程度上反映了浙江省服务业就业增加所带来的结构性变化。

二是"工业之谜"。2012前三季度,我国规模以上工业增加值按可比价格计算同比增长10%,其中股份制企业增长11.8%,外商及港澳台商投资企业增长6.0%;东部地区工业增加值同比增长8.6%,中部地区增长11.6%,西部地区增长12.8%;发电量增长3.6%,钢材增长5.7%,水泥增长6.7%,十种有色金属增长7.1%,乙烯下降2.9%,汽车增长7.3%,其中轿车增长8.4%。这三组数据,即外资企业工业增加值增速低、东部增速低、重化和汽车增速低,究竟是短期现象还是长期现象,是周期现象还是结构性现象,是需要政策扶助还是加快转型,是值得深入研究的问题。

三是"收入之谜"。2012年前三季度GDP减速而民生得到更好的保障和改善。不仅城乡人均实际收入的增速超过GDP的增速,而且农业人均实际收入增速高于城镇,这用收入变量是滞后变量也是难以解释的。2012年前三季度,我国城镇居民人均可支配收入18427元,同比名义增长13.0%;扣除价格因素实际增长9.8%;农村居民人均现金收入6778元,同比名义增长15.4%;扣除价格因素实际增长12.3%;农村外出务工劳动力16867万人,同比增长3.0%;前三季度,外出务工劳动力月均收入2249元,同比增长13.0%。

四是"转型之谜"。2012年是我国企业的转型和调整年。一方面,大企业效益好,但缺少转型的压力和动力。在世界500强中,2012年中国内地入围企业数量为70家,首次超过日本,成为世界500强企业的第二大来源地。但入围的企业主要集中在金属产品、公用设施、采矿与原油生产、工程与建筑、商业储蓄银行等领域,基本上都属于传统产业。如果不加快转型,提升企业的核心竞争力和国际竞争力,这些大企业将很难获得进一步发展。另一方面,中小企业普遍面对"缺订单、缺工人、缺技术"的转型之痛。解决"缺订单"问题,需要创造条件帮助企业开发新产品、开辟新市场、建立新渠道、完善售后服务等努力和措施配套。解决"缺工人"问题,需要加强培训和教育,提高劳工保护条件和标准。解决"缺技术"问题,需要重视产学研、大中小、国内外、军与民合作研发,保护知识产权,完善技术公共服务体系等。当前的问题是,小企业的"转型之痛"缺少系统的配套支持性措施。

这说明，2012年的转型年，既是短期实现经济稳定增长的一年，也是中期加快结构调整的一年，还是促进经济发展方式转变的一年。总之，是在前30年改革开放取得显著业绩的基础上，探索未来30年推进新一轮改革开放和科学发展，跨越中等收入陷阱的关键一年。

一是以2012年为转折点，推动体制机制与国际高标准市场经济规则接轨的新一轮改革开放和科学发展。首先，进一步明确界定政府与市场、政府与企业、政府与行业协会、商会、非政府组织之间的功能边界。从制度上改变教育、医疗卫生、政府及事业单位过度商业化的逐利倾向，从根本上解决好政府在维护市场经济秩序、确保国家安全、规范社会管理、完善公共服务、保持宏观协调等方面的作用。其次，建立包容性发展而不是排他性发展模式。1998年以来的国民收入初次分配和再分配结构中，政府可支配收入份额呈上升趋势，但老少边穷地区的政府、县及县以下的政府财政欠账甚多；企业可支配收入份额呈快速上升趋势，但小企业的创业环境仍待改善；居民可支配收入份额则呈持续下降的趋势。这种局面必须尽快加以改变。再次，建立法治和基于规则行事的制度，从“摸石头过河”向法治和规范转变。包括建立破除垄断，规范市场、制约权力，机会公平为中心的新制度框架。

二是以2012年为转折点，推动不平衡发展战略向平衡、统筹协调、可持续发展战略转变。首先，加快推动过度依赖出口和招商引资的外向型经济模式向扩大内需战略与经济国际化战略互动的方向转变。其次，加快推动从“先让少数人富起来”转向“共同富裕”；从东部地区率先发展转向东中西区域协调发展；从先把经济建设搞上去转向经济建设、社会发展和生态环境保护协调发展。

三是以2012年为转折点，加快实施供给管理政策。首先，采取大幅减税的政策，让企业能够轻装上阵促转型；其次，减少政府过度管制或干预，让市场竞争压力迫使企业加快转型；再次，鼓励研发和技术创新，加强产学研合作、大中小企业合作、军民合作、国内外合作，提高研发创新的投入和产出效率；最后，提升人力资本，重视教育和培训，为培育和提升国际合作与竞争新优势打好基础。

四是以2012年为转折点，大力发展知识型高技术现代服务业。提升我国研发设计、制造工艺、材料和关键零部件、商务和金融服务等现代服务能力，满足制造业对现代服务日益增长的需求。

五是以2012年为转折点，大力发展“引进来”与“走出去”并举；研发代工与制造代工并举；服务进口与出口并举；人才国际化与服务本地化并举；市场导向与政府统筹协调并举的经济国际化新优势。

为此，我们组织了几位年轻的研究人员，把初步研究成果写出来，供朋友们批评指正。其中，张燕生撰写了第一章《中国竞争优势转型升级所面对的挑战与前景》，提出了一个“2016年猜想”。国际货币基金组织预测2016年将成为“中国世纪元年”。然而，事实上，2016年以及以后的三年很可能是中国经济和社会发展进程中的一个大“坎”。中国体制机制、发展战略和经济结构的大转型、大调整和大变革将发生在2012至2016年前后，中国取得完全市场经济地位的时点也是2016年，中国可转移出来的农村剩余劳动力基本转移完毕、印度等巨量廉价劳动力参与国际分工的时点也很可能发生在2016至2019年。在这个时期，我国将进入传统低成本竞争优势告一段落，新竞争优势尚在培育和形成中，体制机制和战略转换仍在进行中的转型之痛过程。如果处理不好各种复杂的国内外、境内外、经济、社会和政治矛盾，就可能陷入前30年未发生过的大冲击和大动荡，甚至是一场内部冲击引发的危机。其他各章分别由国家发展和改革委员会对外经济研究所杨长湧博士撰写第二章《我国劳动力成本的现状、演变趋势及应对策略研究》、第六章《人民币升值压力的应对策略研究》和第八章《进一步推动加工贸易转型升级研究》；中国人民大学博士生蒋钦云完成第三章《中国土地价格变化的现状、影响及国际比较分析》、第四章《我国能源资源价格变化现状、影响分析及应对策略研究》；华中科技大学博士生程海星（现就读加拿大多伦多大学）完成第五章《环境成本上升对传统竞争力的影响》；张燕生完成第七章《通过资本输出创造出口需求研究》。

我国在要素成本上升驱动下加快推进经济转型，是一个需要不断深化研究的问题，本书可能还存在一些论述不够完整、观点有待商榷、实证尚待加强等缺陷，恳请读者批评指正。

张燕生

国家发展和改革委员会学术委员会秘书长

2012年8月8日

CONTENTS | 目 录

第一章
中国竞争优势转型升级所面对的挑战与前景

最近几年，无论国际还是国内，都热衷于预测和计算中国何时将超越美国，成为世界第一经济大国。2011 年 4 月，国际货币基金组织发布的《世界经济展望》报告提出，根据购买力平价测算，2016 年中国 GDP 将由 2011 年的 11.2 万亿美元（2010 年按市场汇率计算约 6 万亿美元）升至 19 万亿美元，而 2016 年美国 GDP 将由 2011 年的 15.2 万亿美元（2010 年 14.7 万亿美元）升至 18.8 万亿美元，中国的 GDP 将超过美国[①]。

上述有关预测都暗含着一个重要假定，即中国目前赶超的趋势不会发生减速、停顿甚至逆转的可能性。如果发生了趋势逆转的可能性，如日本从 1990 年以来陷入长达 20 年的经济减速甚至停滞的情况，赶超的路径就有可能从不断趋近到弯道超车，转向弯道减速甚至刹车，从而扩大而不是缩小赶超的差距。因此，这里讨论问题的重点不是何时超越美国以及如何预测的问题，而是究竟需要什么样的赶超战略以及如何保证中国的增长趋势长期持续的问题。

一、中华民族的复兴之梦

经济合作与发展组织秘书长 Angel Gurria 曾经说过，“当历史学家回顾我们所处的时代时，可能会发现几乎没有任何国家的经济发展可以像中国

① IMF，《世界经济展望》报告，2011 年 4 月。

的崛起那样引人注目。可是，当他们进一步放开历史视野时，他们将看到的那不是一个崛起，而是一个复兴"①。

根据世界经济史学家麦迪森的研究，1820 年，中国经济的总规模占世界经济总规模的比重高达 32.9%，远高于同期欧洲经济所占比重 26.6%、印度的 16%、日本的 3%、美国的 1.8%、苏联的 5.4%。然而，在 1820—1839 年间，英国用鸦片贸易换取贸易平衡，每年运到中国的鸦片从 4000 箱增长到 4 万箱（Greenberg，1951）。1839 年，清王朝政府实行禁烟，英国发动对华战争。为此，中国支付了英国 600 万两白银的鸦片赔款、2100 万两白银的战争赔款②。

1840—1950 年，中国的 GDP 从占世界总量的 1/3 降到了 1/20。到了 1952 年，中国的经济总规模虽然还高于印度和日本，但已经被欧洲、美国和苏联所远远超过。1952 年，中国的人均 GDP 实际上是退回到 1890 年的水平。而同期，日本的人均收入提高了 3 倍，欧洲提高了 4 倍，美国提高了 8 倍。

中华民族的复兴大业始于新中国建国的 60 年和改革开放的 30 年。中国经济总规模在 2005 年超过法国，2006 年超过英国，2007 年超过德国，2010 年超过日本，成为世界第二经济大国。美国成为下一个赶超的目标。然而，中国的追赶过程不可能是一帆风顺的。长期的发展意味着迟早会进入长期的调整。过去的 30 年，我们成功地跨越了低收入陷阱，下一步能否把体制机制和战略调整到一个新的结构层次上，顺利跨越中等收入陷阱，是未来发展的一个严峻考验③。

二、"2016 年猜想"

国际货币基金组织预测 2016 年将成为"中国世纪元年"。然而，事实上，2016 年以及以后的三年很可能是中国经济和社会发展进程中的一个大"坎"。中国体制机制、发展战略和经济结构的大转型、大调整和大变革将发

---

① Angel Gurria，"序言"，安格斯·麦迪森《中国经济的长期表现》，上海人民出版社 2008 年版。

② 安格斯·麦迪森《中国经济的长期表现》，上海人民出版社 2008 年版。

③ 张燕生，《中国经济国际化：阶段、特征和成就》，编入《中国经济国际化进程》，人民出版社 2009 年 9 月第一版。

生在2012至2016年前后,中国取得完全市场经济地位的时点也是2016年,中国可转移出来的农村剩余劳动力基本转移完毕、印度等巨量廉价劳动力参与国际分工的时点也很可能发生在2016年至2019年。

这意味着到2016年,随着我国劳动力、土地、环境、资源能源、人民币汇率等要素成本和资产价格显著持续上升,我国持续30年的低成本竞争优势将逐步衰竭,到2016年很可能成为一个拐点,即我国经济将从低成本要素的投资驱动阶段进入创新驱动阶段。到此,我国企业的低价格竞争策略必须要改变,支撑中国经济继续保持高速增长的动力机制必须要改变。否则,就很可能会出现旧竞争优势不再,新竞争优势还没有形成,已经形成巨大的经济总量继续保持快速增长的支撑力不足,从而导致经济增长减少、社会负担日增和环境压力强化的长期调整困境。

这意味着到2016年,我国经济体制机制、发展战略和结构必须要发生大的改变。首先,外向型经济模式必须发生大的调整。即使是改革开放前30年证明出口导向和招商引资双轮驱动的外向型经济是一个成功的发展战略,但它毕竟是小国战略。当中国已经成为世界第二经济大国时,如果继续依赖扩大出口和招商引资来拉动中国经济增长,势必将恶化中国经济与世界经济之间的竞争和冲突。因此,战略调整的方向应是扩大内需与经济国际化之间的互动,把扩大出口转化为全球投资、全球生产、全球销售、全球服务的资本输出带动出口多元化战略。其次,不平衡发展战略必须发生大的调整。从"先让少数人富起来",走向实现"共同富裕";从先让东部沿海地区率先基本实现现代化,走向顾及中西部发展的另一个大局,实现东中西区域协调发展;从先让经济建设率先搞上去,走向经济建设、社会发展和生态环境保护之间的协调发展。意味着改革开放前30年不平衡发展战略将实现公平与效率在更高层次上的统筹协调和平衡。再次,"摸石头过河"的改革模式必须发生大的调整。从试验到规范,从"摸石头过河"到建立基于规则和法治行事的新体制基础,从政府作为经济建设主要推手到政府职能回归公共服务,是新一轮改革开放和科学发展变革的重点。然而,市场经济中形成的特殊利益机制严重阻碍着深层次改革。

这意味着到2016年,一方面,我国取得完全市场经济地位,国外企业再也不能够像过去那样依据中国加入WTO议定书第15条轻易对我国产品实施反倾销诉讼了。但是另一方面,"新15条"正在形成过程中。从针对中国具体产业或产品发起的反倾销、反补贴、技术贸易措施等传统手段，转向针对中国自主创新、政府采购、产业政策、国有企业、土地制度、信贷体系等国内竞争政策而出台相应的新贸易保护主义措施。当我国企业的成本和价格也不再便宜，比我国企业成本更低的国外新竞争对手正逐步取代并占据我国传统出口市场的情况下，贸易保护主义、贸易摩擦和冲突将恶化我国外部经贸环境，使"未来仍处于可以大有作为的重要战略机遇期"的前景变得更加不确定。

这意味着到2016年，我国的国际收支状况将可能出现逆转。一是贸易收支将趋于平衡，但可能出现刀锋上的不稳定平衡。主要表现在和一般贸易巨额并存的平衡，有可能随着我国综合投资成本持续上升，加工贸易巨额顺差出现对外转移而打破。二是直接投资项目（FDI和ODI）将趋于平衡，但外商来华投资收益丰厚与我国对外直接投资高风险、低回报成为一种不对称的平衡[①]。一方面，外商来华投资结构的变化将对我国国际收支状况产生持久的影响。如来华投资房地产、市政建设和大型基础设施的投资比重大幅增加，投资制造业的比重急剧减少；投资内销项目的比重大幅增加，出口的比重大幅减少；来自避税天堂和自由港的资本大幅增加，来自欧、美、日、韩实体经济的投资明显减速。这不仅不会增强出口增长能力反而会持续增加进口，同时，它受国内宏观经济形势的影响要明显大于综合投资环境的影响。另一方面，我国加快实施"走出去"战略，在2016年前后，对外直接投资的规模有可能等于甚至大于来华直接投资。加上人民币"走出去"将伴随着资本项目可兑换和开放进程加快，证券对外投资和其他对外投资规模日益增加，导致整个金融和资本项目趋于平衡。但这种平衡是较为脆弱的，很容易被资本大规模流入和流出所打破。三是我国对外金融资产负债的净收益为负的状况仍难以改变。2011年底，对外金融资产4.72万亿美元，对外金融负债2.94万亿美元，对外净资产1.77万亿美元，净收益为-268亿美元。到2012年6月末，我国对外金融资产49462亿美元，其中ODI3923亿美元（8%），证券投资2593亿美元（5%），其他投资9798亿美元（20%），储备资产33148亿美元（67%）。对外金融负债31974亿美元，其中FDI19032亿美元（60%），证券投资3011亿美元（9%），其他投资9932亿美元（31%）。对

① 张燕生、张岸元、姚淑梅：《现阶段外汇储备的转化与投资策略研究》，《世界经济》2007年7月。

外金融净资产 17488 亿美元。这种趋势如果继续下去,在未来 3 至 5 年内,就会导致我国的顺差来源下降。到 2016 年前后,我国国际收支结构和差额趋势有可能发生逆转。对此,如何促进自主内生性出口因素的增长,实现发展方式和结构的根本转变,很大程度上取决于今天的起步和今后的努力。

三、国际竞争的输者可能是谁?

在一次国际会议上,有一位美国专家说,如果中国与美国竞争,输者肯定是中国。这个问题一直引发思考,如果赢,我们会赢在那里;如果输,会输在那里?

当年,日本与美国发生激烈的贸易摩擦时(1985—1995 年期间),日本和美国的 GDP 分别占全球份额的比重,1985 年分别是 10.6% 和 32.7%,1995 年分别为 17.9% 和 25.0%。然而,到 2007 年分别为 8.1% 和 23.5%。贸易战最终以日本全面失败而告终。1980 年,日本的人均 GDP 为 9138 美元,相当于美国人均 GDP 的 74.6%,1987 年,日本人均 GDP 首次超过美国,1995 年,日本人均 GDP 是美国的 1.5 倍。然而,2000 年以后,日本人均 GDP 只相当于美国人均 GDP 的 87.2%。

在这场竞争和较量中,日本究竟输在那里?1979 年,世界各国面对着“滞胀”困境。当时,日本经济的基本面是相对好的,而美国则是相对差的。然而,从 1980 年开始,欧洲是从“治胀”的角度走出了“滞胀”,其代价是高失业率换来低通胀率。而美国是从“治滞”的角度走出了“滞胀”,其代价是高赤字、高利率、高汇率。到 1985 年,美国由于高经常项目赤字和财政赤字居高不下,使其供给端结构调整很难继续下去。为此,西方五国召开了会议研究对策,最后达成了“花园广场协议”。其中的对策之一是日元大幅升值以解美国高汇率困境。1985—1987 年,日元从 1 美元兑 250 升值到 120,并且持续下去的时候,日本面对如何应对泡沫经济和如何化解产业二元结构(即低效率产业,如农业、分销业、银行业、不动产业以及内销为主的制造业无法消化日元升值的冲击)的双重困境。其结果是到了 1990 年,日本陷入了长达 20 年的低速和停滞,美国却迎来 IT 革命和新经济繁荣。

事后,无论是美国经济学家、日本经济学家还是中国经济学家,都普遍认为日本输在泡沫经济应对不当。然而,同样是美国应对 2001 年的 IT 泡沫和2008年的金融楼市泡沫经济不当，造成了一场几十年一遇的国际金融危机，美国会输吗？不会，为什么？当前，美国走向经济复苏的主要手段，中短期主要是扩大出口（5年出口倍增的振兴计划）和量化宽松（以QE3为代表的全球新一轮泡沫经济的开始），长期是回归高端制造、回归创新、回归出口和回归高端就业岗位创造的机构调整，美国的这个结构调整期估计至少需要10年。谁将为美国中长期结构调整埋单？

关于发展模式的调整，国际上有一种说法，即美国应当扩大出口而中国应当扩大进口。在全球需求持续萎缩的情况下，美国采取促进出口翻番的战略，只会加剧国际贸易摩擦。事实上，美国应当调整其低储蓄、高碳的生产和生活方式，调整其过度依赖金融部门的产业结构，调整其全球化即美国化的价值取向。但是，美国会发生这样的调整吗？不会。反过来，全球经济再平衡、人民币汇率、自主创新、政府采购、知识产权保护、产业政策和国有企业等议题，都成为中美竞争和较量的关键问题。如果全球再平衡的责任方是顺差端而不是逆差端；如果量化宽松下的人民币升值成为热钱进入、国际套利、国内通胀的主要来源而顺差依旧；如果外商投资企业成为中国自主创新的主体而中国对美投资企业屡屡受到歧视；如果8000亿政府采购市场充满合资和进口的中高端商品，等等，中国的赶超前景还会乐观吗？可见，赢得国际竞争所需要的大智慧，就是看谁能够真正有效把握未来10年的结构调整期，切实解决制约本国持续快速健康发展的主要瓶颈和关键环节，依靠自主形成独立的竞争优势。

四、中国在赶超中走向大国经济

首先，我国从经济意义上的人口大国转变成开放大国，确实还有一个较长的路要走。在理论上，一个经济意义上的开放大国是世界主要价格的决定者，而不是价格的追随者；是国际重要规则制定和修改的决定者，而不是规则的接受者；是国际重大责任的承担者或逆周期调节者，而不是责任推卸者或顺周期参与者。

中国目前在世界很多重要领域都是个大块头，但在价格、游戏规则、责任担当等方面，依然是一个追随者。如中国是世界铁矿石进口的最重要市场之一，却没有取得定价权。中国要取得定价权，就必须透彻地了解钢铁和有色金属行业的国际游戏规则、市场规律、商业联系，逐步取得价格的重要影响力。然而，在中国钢铁业成为世界铁矿石市场上最重要买家的同时，铁矿石的定价机制却从长期合同价格变成季度定价、月度定价以及现货定价。这反映了即使中国已经成为世界最大的买主，要改变铁矿石定价机制的被动局面，也必将是一个长期的过程，其中既包括提高全球范围内铁矿石的投资比重，在国内厉行资源节约和替代战略，也包括与全球铁矿石供需企业开展广泛的合作，形成规则的影响力和逆周期的调节力，最终形成中国企业的软实力。这必然是时间和经验积累的结果，而不是拔苗助长。

其次，在金融全球化阶段增强我国的资本跨境配置能力，是赶超中走向大国经济的一个重要组成部分。现阶段，在我国对外金融资产中，对外直接投资的比重大致在 8% 左右，外汇储备资产的比重 67% 以上（截至 2012 年上半年）。与之相比，在全球三大生产网络中，北美（美加墨）所持有的东亚（东盟加中日韩）对外金融资产中，股权投资约占 71%，外储资产约占 2%，而东亚所持有的北美对外金融资产中，股权投资仅占 14%，外储资产高达 40% 以上。一般而言，持有外储的资产回报率很低，如果购买 10 年期美国国债，不算通胀通缩损益和贬值升值损益，名义回报率仅 3% 左右。而在我国对外金融负债中，三资企业直接投资的比重约占 60% 左右，其资产净收益率平均高达 20% 以上。在未来的发展中，加快推进我国对外金融资产结构的多元化管理和配置，持续提高股权投资比重，逐步推进人民币和银行“走出去”，加快促进资本和市场国际化，通过对外直接投资来建立区域和全球生产体系、综合物流枢纽、分销网络、研发和设计中心等区位布局，是中国走向大国经济的一个关键环节。在这个过程中，如何用好中国香港国际金融中心的优质资源和人才，用好中国台湾产业融投资和创新的优势和人才，促进我国的金融开放、金融创新和金融深化，审慎迈过资本项目开放、人民币汇率市场化改革和中央银行货币政策相对独立性相互协调匹配的这个“坎”，是一个大战略。

再次，在开放竞争过程中逐步打造区域乃至全球的创新策源地和人才集聚地，是我国在赶超中走向大国经济的一个重要标志。目前，全球研发和创新活动主要分布在美日欧大三角区域。无论是国际前沿的基础性研究、应用性研究还是开发性研究，其创新的主体都主要是国际大跨国公司以及由世界最优秀的研究型大学、科研院所组成的国家创新体系。在这个方面，我国与美日欧之间有着巨大差距。我国也有三个创新层次，即国家层面的重大技术创新体系，如“两弹一星”；大企业层面的重点技术创新体系，如大飞机、高铁技术创新体系；小企业层面的技术创新体系。从现状看，我国企业的技术创新能力很弱，创新环境对企业创新活动的支撑力很弱，招商引资的直接技术外溢效果很弱，是制约我国发展成为创新型国家的主要瓶颈之一，也是我国与美国在知识和技术进步上的最重要差距。为此，如何构建最有利于小企业创新、创造、创意的环境，吸引全球最优秀的人才和企业来我国扎根，是急待解决的大问题之一。

最后，提高我国全球公共产品提供及软实力的持续影响力，是我国在赶超中走向大国经济的一个重要方面。如积极推动国际贸易、金融和货币改革，努力纠正全球化过度强调贸易投资自由化和便利化，忽视了“经济发展”，从而造成全球公共产品供给不足、贫富差距扩大和穷国消费力严重萎缩等社会问题。大力推动全球发展援助、减少贫困、用于促进发展的技术转让（尤其是低碳节能环保领域）等。在国际上积极促进包容性增长和发展（inclusive growth），建立一个机会平等基础上的经济增长和发展。既要开放发展机会（如坚持贸易投资自由化，反对贸易保护主义），又要实现全球的社会和经济协调发展，并保证人人能公平地参与全球发展过程并从中受惠。在这个过程中，形成和增强我国在促进共享发展的南南合作与南北对话中的软实力和影响力。

参考资料：

1. Angel Gurria，《中国经济的长期表现》，上海人民出版社 2008 年版。

2. IMF，《世界经济展望》报告，2011 年 4 月。

3. 张燕生，《中国经济国际化：阶段、特征和成就》，编入《中国经济国际化进程》，人民出版社 2009 年 9 月第一版。

4. 张燕生、张岸元、姚淑梅：《现阶段外汇储备的转化与投资策略研究》，《世界经济》2007 年 7 月。

第二章

我国劳动力成本的现状、演变趋势及应对策略研究

2003 年开始，东部发达地区出现“民工荒”，不少学者认为这标志着我国经济发展“刘易斯拐点”的到来（蔡昉，2008），我国劳动力成本特别是低端劳动力的成本上涨已成为大势所趋。

对于我国而言，劳动力成本是在微观、中观和宏观三个层次上都具有重要意义的经济变量。从微观层次上看，一方面，劳动力成本的变动会影响企业的雇佣行为和投资决策；另一方面，劳动力成本构成了劳动者的收入与福利，会影响劳动者及其家庭的消费和人力资本投资行为；从中观层次上看，对于我国这样一个大国而言，劳动力成本的区域差异会影响到各地区的比较优势，从而在很大程度上决定区域分工与产业布局；而从宏观层次上看，一方面，在开放经济条件下，劳动力成本的高低影响着我国的相对比较优势，从而影响着我国建立在低要素成本基础上的发展模式的转变；另一方面，劳动力成本的涨落直接关系到国民收入的宏观分配格局，进而关系到消费和投资的比例与结构，从而影响着我国下一阶段推动消费、投资和出口协调拉动经济增长的战略效果。

本文分为五部分：一是对国内学者有关我国劳动力成本的研究进行扼要的文献综述；二是对我国劳动力成本的演变历史和现状进行实证分析；三是对我国劳动力成本未来的变动趋势进行研究；四是对我国劳动力成本上升可能带来的影响进行分析；五是从企业和国家两个层面提出劳动力成本上升条件下的相应对策措施。

一、文献综述

目前，有关我国劳动力成本的研究主要集中在三个问题上：一是我国劳动力成本的现状及其变动趋势；二是影响我国劳动力成本的因素；三是劳动力成本变动的影响。

（一）我国劳动力成本的现状及其变动趋势

关于我国劳动力成本的现状及其变动趋势，相关研究主要集中在两个问题上：一是我国与国外相比，劳动力成本是否还具有比较优势；二是未来我国劳动力成本的变动趋势如何。

多数研究（贺聪、尤瑞章、莫万贵，2009；都阳、曲玥，2009；陈俊，2009）认为，近年来，我国劳动力报酬虽然上涨较快，但与国外相比，我国劳动力成本仍具有比较明显的优势。其中关键点在于，比较劳动力成本高低时，不能仅考虑劳动力报酬，还应考虑劳动生产率。有研究（贺聪、尤瑞章、莫万贵，2009）使用单位产出劳动力成本这一指标（即名义劳动力成本与产出增加值之比，是反映劳动力成本与劳动生产率相对变动情况的核心指标）对国内外的劳动力成本进行比较，发现无论是相对于发达国家和地区，还是相对于新兴市场国家，我国劳动力成本的优势仍然比较明显。另有研究（都阳、曲玥，2009）发现，我国制造业虽然在2000—2007年经历了劳动报酬的快速增长，但是由于劳动生产率的更快增长，所以劳动力成本并没有提高，优势并没有丧失。

有关未来我国劳动力成本的变动趋势，多数研究认为（蔡昉，2009；都阳、曲玥，2009；夏怡斐、南天云，2007），我国劳动力成本的上涨是大势所趋，主要原因在于，我国劳动力市场的供需结构将发生显著变化。比如，蔡昉（2008、2009）认为，我国劳动力市场的"刘易斯"拐点已经到来，劳动力无限供给的时代已经结束，劳动力价格上涨是不可避免的。夏怡斐、南天云（2007）运用预测模型分析认为，2007年后我国劳动力供给的高峰结束，此后劳动力供给将逐步减少，而随着劳动力需求的增长，劳动力价格必然上升。

（二）影响我国劳动力成本的因素

有关影响我国劳动力成本的因素，不少研究（辛永荣，2010；张本波，2008）从三个方面进行分析：一是劳动力市场供需结构的调整，认为随着人口年龄结构的变化，我国劳动力供给将从“无限供给”转向“有限剩余”（辛永荣，2010），甚至出现结构性短缺（张本波，2008），而劳动力需求仍将保持比较旺盛的增长，由此必然给劳动力成本带来上涨的压力；二是通货膨胀，随着物价水平，特别是与日常生活密切相关的物品价格水平上升，劳动力的名义价格必须随之得到调整，以保证劳动力真实收入不致降低，从而保持已有的生活水平；三是政府政策的干预，特别是最低工资、社会保障等保护劳动者权益的制度和政策，也会推动劳动力成本的上升。另外，有学者（张本波，2008）认为，经济全球化条件下，外贸部门工资的上涨和全球劳工标准的压力，也是劳动力成本整体上升的一个重要的推动因素。

（三）劳动力成本变动的影响

财政部财政科学研究所课题组（2009）对中美贸易关系的研究表明，劳动力成本上升会推升我国出口品的价格，但对我国向美国的出口并不会造成实质性影响，美国国内经济形势才是影响我国对美出口的主要因素。

有研究（吴湘频，2008）就劳动力成本上升对广东加工贸易的影响进行分析，发现劳动力成本上升后，外商投资企业减少了对广东加工贸易的投资，一些加工贸易企业经受不了成本上升的压力，或倒闭或转移；同时，成本的上升也降低了广东加工贸易企业的出口竞争力。

王晓鹏（2007）运用南京市 119 家劳动密集型制造企业的样本数据，实证分析劳动力成本对南京市劳动密集型制造业的影响，发现劳动力成本的上升并不成为阻碍南京劳动密集型产品出口的决定性因素，而南京外商直接投资的规模也不单由劳动力成本决定，而是取决于劳动力成本、劳动生产率、基础设施、人力资源素质、科研开发水平等综合要素。

徐军（2006）研究劳动力成本上升对江苏加工贸易的影响，发现江苏加工贸易进出口总额与劳动力成本基本上属于正相关关系，劳动力成本每增长 1 个百分点，江苏省加工贸易进出口额将增长约 3 个百分点。因此，劳动力成本的上升并不会使得江苏省加工贸易进出口额有所减少。不过，劳动力成本上升确实在一定程度上削弱了江苏加工贸易的竞争力。

二、劳动力成本概念的界定

目前，国际上关于劳动力成本概念的界定，最权威的当属1966年第十一届国际劳动统计大会决议中对"劳动力成本"下的定义。该定义明确指出，"劳动力成本"这一概念是站在企业的角度提出的，是指企业为雇佣工人而发生的所有支出。它与工人得到的"劳动力报酬"是两个互相联系但并不相同的概念。

具体而言，劳动力成本包含十个部分：工作时间的工资（包括加班费）；非工作时间工人得到的报酬（包括公共假期和其他休闲时间企业依然支付的报酬）；奖金；企业以食品、饮料、衣服和其他形式对工人进行的实物给付；企业负担的工人居住费用；企业负担的工人社会保障支出；工人职业培训费用；工人福利费用（包括食堂、文化休闲等）；其他费用（包括企业为工人负担的交通费用、工作服费用以及招工费用等）；可归入劳动力成本的税收。

我国劳动部颁发的[1997]261号文件规定，劳动力成本包括职工工资总额、社会保险费用、职工福利费用、职工教育经费、劳动保护费用、职工住房费用和其他劳动力成本支出等七项。我国有关劳动力成本概念的界定，其外延与国际劳工组织关于劳动力成本的定义基本一致。

在我国劳动力成本的七项构成中，职工工资是主要的部分，大约占企业人工成本的65%~70%，部分城市超过70%。

表2-1 部分省市2008年企业人工成本构成 %

	工资	社会保险费	福利费	教育费	劳动保护费	住房费	其他费
上海市	65.7	18.7	4.6	0.7	1.3	4.7	4.3
青海省	66.3	19.6	5.0	1.0	1.1	4.9	2.1
沈阳市	64.5	19.3	4.7	0.8	0.8	3.8	6.1
无锡市	65.4	20.6	5.6	1.0	1.2	3.1	3.0
通州市	74.6	11.2	7.3	1.4	1.1	2.9	1.6
南平市	72.8	15.5	5.3	0.7	1.3	3.5	1.0
武汉市	66.5	17.2	6.5	0.9	1.3	4.1	3.5
西安市	66.4	15.3	7.0	1.1	1.0	5.5	3.7
成都市	66.5	17.2	7.0	0.8	1.0	4.7	2.7

注：上海市是2007年数据，青海省是2009年数据，其他各市均为2008年数据

资料来源：各省市人力资源与社会保障网站

三、我国劳动力成本演变的历史和现状

本部分研究包含四个方面：一是我国整体劳动力成本演变的历史和现状；二是我国劳动力成本的国际比较；三是我国不同区域劳动力成本的现状；四是我国不同行业劳动力成本的现状。

我国劳动力成本核算体系存在着比较明显的局限（贺聪、尤瑞章、莫万贵，2008），主要体现在三个方面：一是统计口径较窄，《中国统计年鉴》中只报告劳动力的工资情况，而没有将除工资报酬外的其他六项费用列出，从而无法得到劳动力成本的完整数据；二是我国把全社会的就业人员分为职工、再就业的离退休人员、私营业主、个体户主、私营企业和个体就业人员、乡镇企业就业人员、农村就业人员以及其他就业人员八大类，而《中国统计年鉴》报告的“城镇单位就业人员报酬”中，私营业主、个体户主、私营企业和个体就业人员、乡镇企业就业人员以及农村就业人员不包含在内；三是“城镇单位就业人员报酬”中无法反映单位使用的非正式劳动力的工资情况，特别是农民工的工资情况。

因此，在研究我国劳动力成本的演变历史和现状时，需分情况处理：在进行纵向历史比较和横向的区域、行业比较时，可以使用具有较大局限性的“城镇单位就业人员报酬”统计数据；但在进行国际比较时，则需要使用其他偏差较少的统计指标。

（一）我国整体劳动力成本演变的历史和现状

1. 1995 年以来我国劳动力工资上涨比较明显

1995—2009 年，我国城镇单位在岗职工人均工资从 5500 元上升至 32736 元，人均增速为 13.6%，高于同期人均名义 GDP12.3% 的人均增速。

2. 通货膨胀对劳动力名义工资的侵蚀作用日益明显

笔者以 1995 年为基期，得到 1995—2009 年各年城市居民消费价格定基指数。在此基础上对 1995—2009 年城镇单位在岗职工的人均名义工资进行调整。结果表明，通货膨胀对劳动力名义工资的侵蚀作用日益明显。尤其是进入 21 世纪后，劳动者实际工资与名义工资之比在不断下降，表明劳动者名义工资增速低于通货膨胀水平。

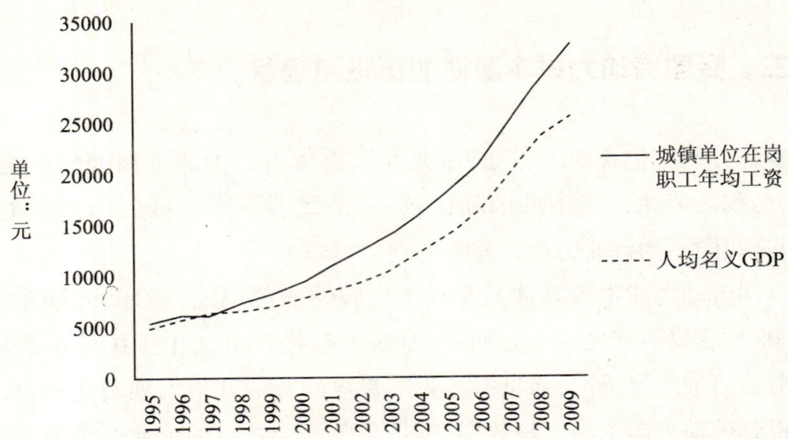

图 2－1　1995—2009 年我国城镇单位在岗职工人均工资和人均名义 GDP

资料来源：《中国统计年鉴 2010》

表 2－2　1995—2009 年我国城镇单位在岗职工名义工资和实际工资状况

	城市居民消费价格指数（1995＝100）	名义工资（元）	实际工资（元）	实际工资/名义工资（%）
1995	100.0	5500	5500	100.0
1996	108.8	6210	5708	91.9
1997	112.2	6470	5766	89.1
1998	111.5	7479	6708	89.7
1999	110.1	8346	7580	90.8
2000	110.9	9371	8450	90.2
2001	111.7	10870	9731	89.5
2002	110.6	12422	11231	90.4
2003	111.6	14040	12581	89.6
2004	115.3	16024	13898	86.7
2005	117.1	18364	15682	85.4
2006	118.9	21001	17663	84.1
2007	124.2	24932	20074	80.5
2008	131.2	29229	22278	76.2
2009	130	32736	25182	76.9

资料来源：《中国统计年鉴 2010》，并经笔者计算整理

3. 进入新世纪后我国单位劳动力成本相对稳定

单位劳动力成本是国际劳工组织提出的衡量劳动力成本状况的核心指标。它用名义劳动力成本与名义产出增加值之比来表示，代表每增加一单

位 GDP 或一单位增加值所需要消耗的劳动力成本。这一指标将名义劳动力成本的变化与劳动生产率的变化结合起来考虑,对于跨国公司的投资决策和国家经济战略的调整最具参考价值。

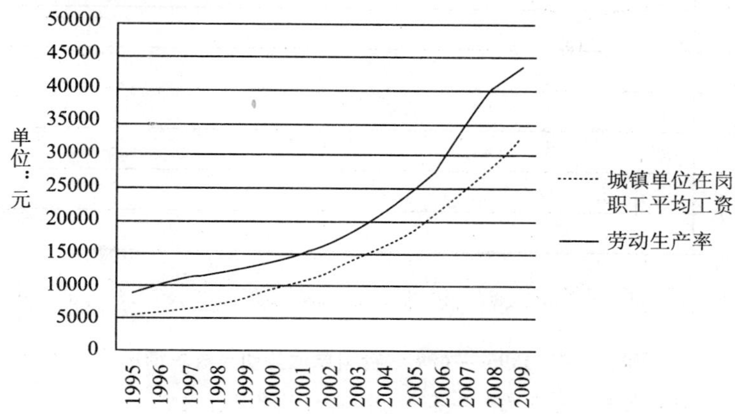

图 2-2 1995—2009 年我国城镇单位在岗职工平均工资与我国整体劳动生产率

资料来源:《中国统计年鉴 2010》,并经笔者计算整理

1995—2009 年,在我国城镇单位在岗职工平均工资以 13.6% 的年均增速上升的同时,我国劳动生产率也以 12% 的年均增速快速提高。劳动生产率的提高很大程度上抵消了劳动力名义工资上涨的压力,使我国单位劳动力成本相对比较稳定。

笔者使用城镇单位在岗职工平均工资为分子,以我国总的劳动生产率作为分母,计算 1995—2009 年我国单位劳动力成本。需要注意的是,在我国劳动力成本核算体系中,没有包含进去的两大块——个体、私营、乡镇企业以及农村就业人员的工资收入和城镇单位中非正式职工的工资收入,其绝对水平和增长速度一般都要低于城镇单位在岗职工工资。因此,使用这一方法计算出的我国单位劳动力成本,会较真实单位劳动力成本偏高。图 2-3 反映,1995—2009 年,特别是 2001 年后,我国单位劳动力成本相对比较稳定。

(二)我国劳动力成本的国际比较

笔者以制造业劳动力成本为代表,考察我国与世界其他国家劳动力成

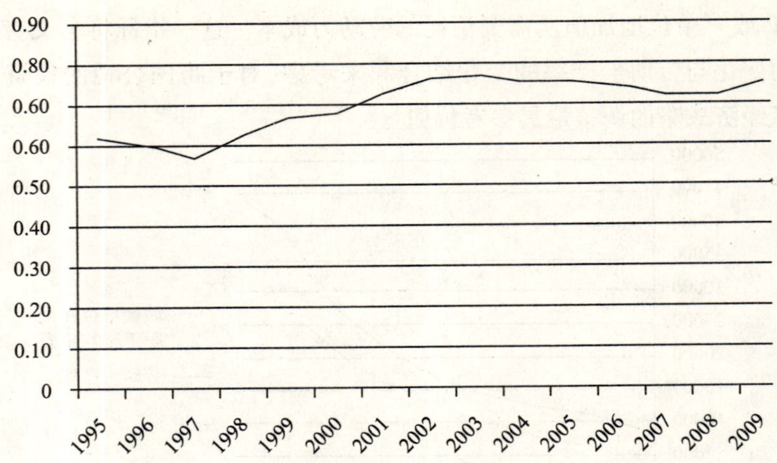

图 2－3　1995—2009 年我国单位劳动为成本情况

资料来源：《中国统计年鉴 2010》，并经笔者计算整理

本的对比情况。之所以用制造业劳动力成本作为代表，是因为制造业劳动力成本是决定一国是否具有劳动力比较优势的最重要指标，也是决定一国以何种地位参与国际制造业分工的最重要因素。

1. 我国劳动力成本显著低于发达国家水平，但增速显著高于发达国家

2008 年，我国制造业劳动力小时工资为 1.51 美元，显著低于同年发达国家的普遍水平。

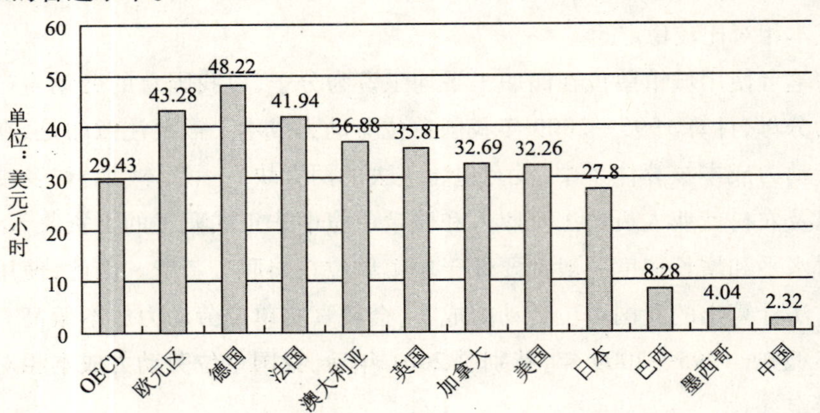

图 2－4　2008 年若干国家制造业劳动力成本状况

资料来源：国际劳工组织、美国劳工部，并经笔者计算

美国劳工部公布了若干国家1996—2008年的制造业劳动力每小时补偿成本状况(hourly compensation cost)。所谓补偿成本,包括劳动力得到的工资和其他收益两大部分。笔者根据国际劳工组织公布的数据,计算得出我国制造业劳动力2008年的小时工资为1.51美元。按照我国企业工人工资占人工成本的比重普遍在65%的情形,2008年我国制造业劳动力的每小时成本大致为2.32美元。但需注意,这2.32美元所代表的人工成本,其范围要大于美国劳工部定义的劳动力补偿成本。

2008年,我国每小时制造业劳动力成本分别为OECD的7.9%,欧元区的5.4%,德国的4.8%,法国的5.5%,澳大利亚的6.3%,英国的6.5%,加拿大的7.1%,美国的7.2%以及日本的8.3%。同时,我国制造业劳动力成本也明显低于新兴市场中的巴西和墨西哥。

我国劳动力成本绝对水平虽显著低于发达国家,但进入新世纪后,我国劳动力成本增速则显著高于发达国家。

图2-5和图2-6反映,2000—2008年,我国以人民币计价的制造业劳动力成本年均增速达到13.8%,大大快于其他国家以本币计价的劳动力成本增速。同时,人民币相对于美元升值,因此以美元计价的劳动力成本增长更快。

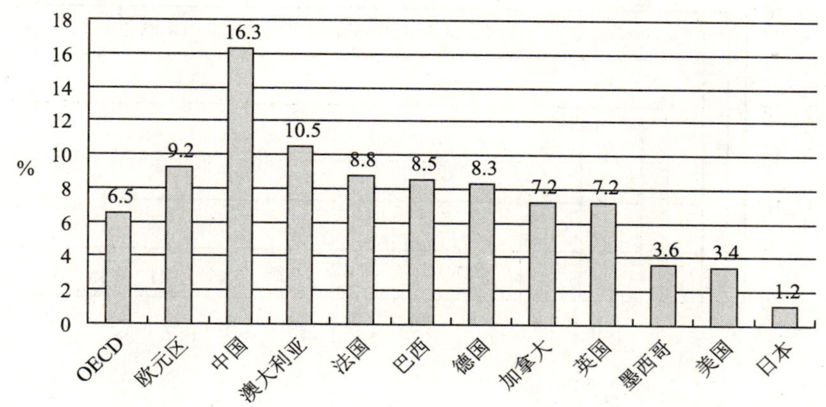

图2-5 2000—2008年若干国家制造业劳动力成本(美元计价)年均增速

资料来源:国际劳工组织、美国劳工部,并经笔者计算

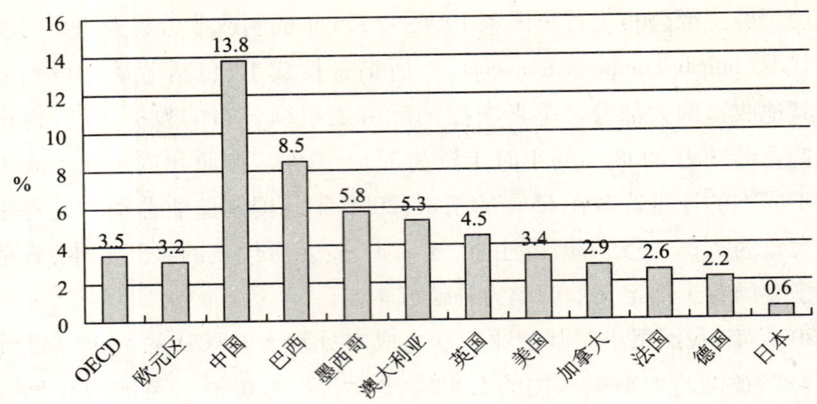

图 2－6　2000—2008 年若干国家制造业劳动力成本（本币计价）年均增速

2. 我国劳动力成本已高于亚洲多数发展中国家（地区），且劳动力成本增速也快于亚洲多数发展中国家（地区）

虽然与发达国家相比，我国劳动力成本仍具有比较明显的优势。但与我国在国际产业分工中的直接竞争对手——亚洲发展中国家（地区）相比，我国劳动力成本已不再具有优势。尤其是与印度、印尼、斯里兰卡等国相比，我国劳动力成本已显著高于这些国家。

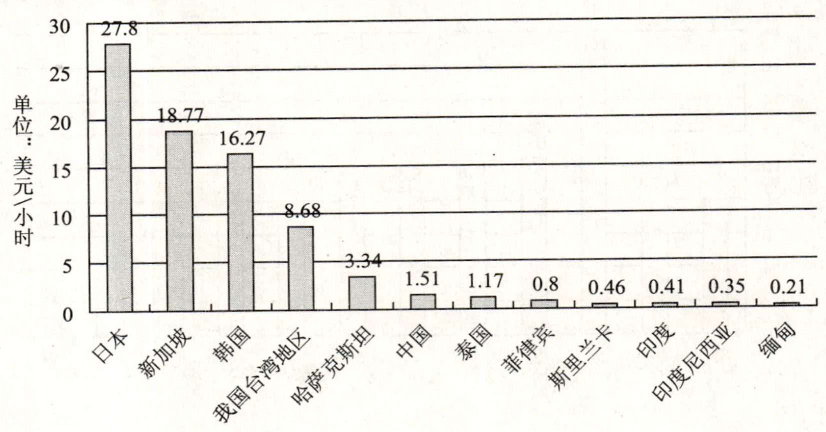

图 2－7　2008 年亚洲若干国家（地区）制造业劳动力工资状况

注：日本、新加坡、韩国和我国台湾地区为当年制造业劳动力每小时补偿成本，其余各国为制造业劳动力每小时工资；其中，印度、印度尼西亚为 2006 年数据，菲律宾为 2007 年数据

资料来源：国际劳工组织、美国劳工部，并经笔者计算

不仅如此，我国以美元计价的2008年制造业劳动力小时工资是2000年的3.36倍。在上述国家（地区）中，我国劳动力成本这一增幅仅低于哈萨克斯坦，略低于缅甸，而高于其他国家（地区）。

表2－3 亚洲若干国家（地区）制造业劳动力成本情况

	2008（美元/小时）	2000（美元/小时）	2008成本/2000成本
日 本	27.8	25.34	1.10
新加坡	18.77	11.65	1.61
韩 国	16.27	9.79	1.66
我国台湾地区	8.68	7.31	1.19
哈萨克斯坦	3.34	0.78	4.28
中 国	1.51	0.45	3.36
泰 国	1.17	0.83	1.41
菲律宾	0.8	0.63	1.27
斯里兰卡	0.46	0.32	1.44
印 度	0.41	0.15	2.73
印度尼西亚	0.35	0.37	0.95
缅 甸	0.21	0.06	3.50

资料来源：国际劳工组织、美国劳工部，并经笔者计算

（三）我国劳动力成本的地区分布

2009年，我国劳动力成本的地区分布呈现东部最高，西部次之，中部最低的态势。其中，中西部地区劳动力成本相近，但都明显低于东部地区。

（四）我国劳动力成本的行业分布

2009年，我国各行业劳动力成本的差距比较明显。城镇单位就业人员平均工资最高的金融业，是最低的农林牧渔业的4.2倍。制造业在各行业中的平均工资水平较低。

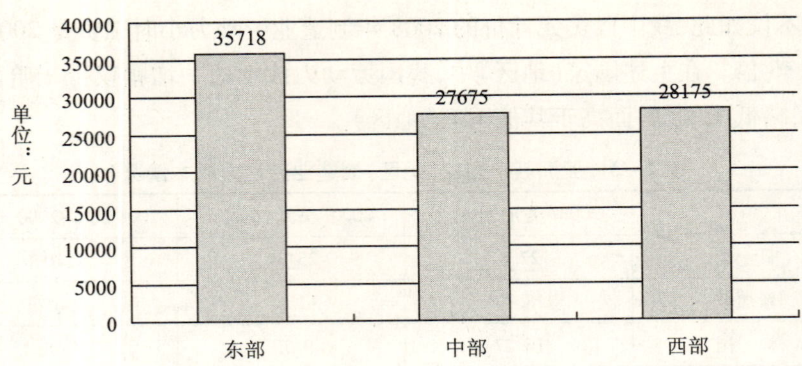

图 2-8 2009 年我国东中西部地区城镇单位就业人员人均工资情况

注：笔者计算西部就业人员的平均工资时，由于西藏工资明显高于西部其他省市，而这种超高又是政策所致，所以未将西藏计算在内。

资料来源：《中国统计年鉴 2010》，并经笔者计算

表 2-4 2009 年我国各行业城镇单位就业人员平均工资情况

	城镇单位就业人员平均工资（元）	与农林牧渔业工资之比
金融业	60398	4.2
信息传输、计算机服务和软件业	58154	4.1
科学研究、技术服务和地址勘查业	50143	3.5
电力、燃气和水的生产供应业	41869	2.9
采矿业	38038	2.6
文化、体育和娱乐业	37755	2.6
卫生、社会保障和社会福利业	35662	2.5
租赁和商务服务业	35494	2.5
公共管理和社会组织业	35326	2.5
交通运输、仓储和邮政业	35315	2.5
教育	34543	2.4
房地产业	32242	2.2
批发和零售业	29139	2.0
制造业	26810	1.9
居民服务和其他服务业	25172	1.8
建筑业	24161	1.7
水利、环境和公共设施管理业	23159	1.6
住宿和餐饮业	20860	1.5
农林牧渔业	14356	-

资料来源：《中国统计年鉴 2010》，并经笔者计算

2003—2009 年，各行业职工平均工资增速不同，采矿业和金融业职工平均工资增长最快，超过全国平均水平；制造业则增长较慢。

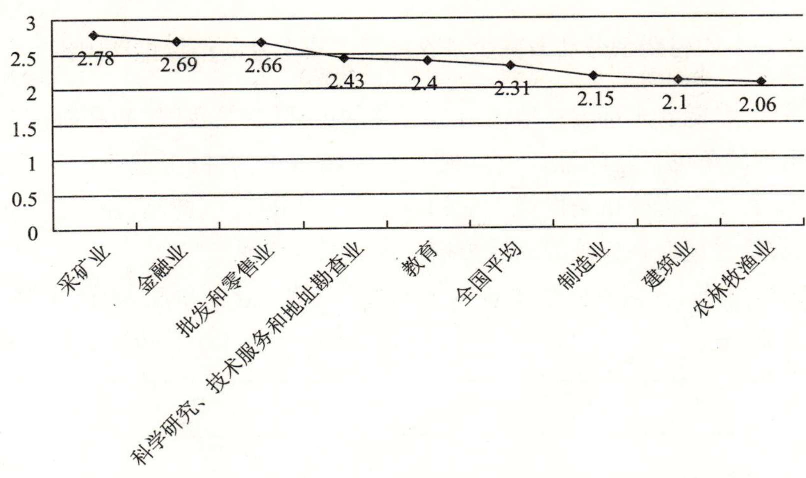

图2-9 2003—2009年若干行业职工平均工资的上升倍数

资料来源:《中国统计年鉴2004、2010》,并经笔者计算

四、我国劳动力成本未来的变动趋势

我国劳动力大致可分为两大部分:一部分是受教育程度较低的低端劳动力,以农民工为主。2008年第二次全国农业普查数据显示,农村外出务工人员中,90%文化程度在高中以下。另一部分是受教育程度较高的高端劳动力,以大学本科以上的毕业生为主。以农民工为代表的低端劳动力主要就业领域为制造业、建筑业和生活性服务业;而以大学生为代表的高端劳动力主要就业领域为生产性服务业。

低端劳动力成本必然呈上涨趋势,这主要由三个因素决定:一是农村剩余劳动力减少,农民工已从无限供给转向有限剩余,供需关系的变化必然推动农民工工资上涨;二是新生代农民工成为农民工的主体,他们对劳动条件的要求更高,对美好生活的向往更强烈;三是政府最低工资标准和社会保障政策的不断落实和完善。

高端劳动力工资也必然呈上涨趋势,主要原因在于:随着中国经济发展方式的转变和经济结构的调整,服务业特别是生产性服务业会得到快速发展,对高端劳动力的需求会上升,从而推动高端劳动力的工资上涨。

（一）农村剩余劳动力减少是农民工工资上升的市场推动因素

近年来，随着东部发达地区“民工荒”的出现，有关我国“刘易斯拐点”是否已出现的争论日益激烈。与其他就业领域相比，农民工就业市场化程度较高，农民工工资受市场供需力量的影响最为明显。因此，农民工工资的变化，能够较好地反映低端劳动力市场供求关系的变化。

2002 年前，我国农民工工资基本不变。但自 2002 年起，农民工工资增长率明显加快。

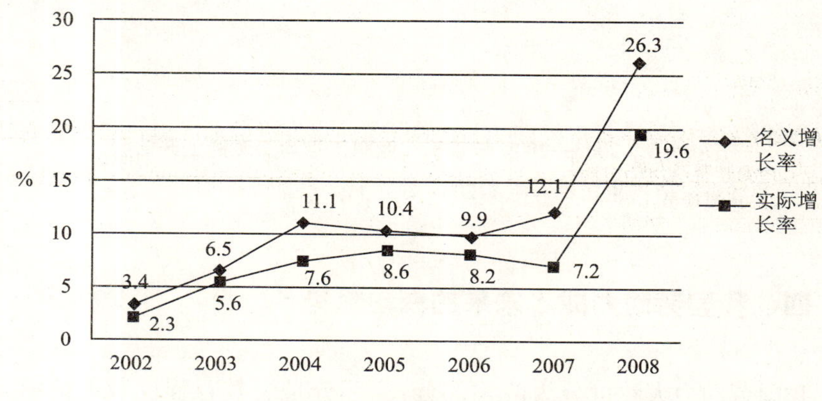

图 2－10　2002—2008 年农民工工资增长率

资料来源：蔡昉（2010）

农民工工资的持续上涨说明，我国低端劳动力市场的供求关系已发生明显逆转，劳动力无限供给的时代即将结束。有关测算表明（蔡昉，2007），目前农村中 40 岁以下的剩余劳动力只有 5800 万。如果按照农村向城镇每年转移 1200 万农民工的速度计算，未来 5～6 年农村 40 岁以下的剩余劳动力便可转移完毕。

（二）新生代农民工对劳动条件要求提高是农民工工资上涨的重要因素

新生代农民工是指出生于 1980 年后、16 周岁以上在异地以非农就业为主的农业户籍人口。目前，新生代农民工已成为农民工的主体。据国家统计局公布的数据，2009 年，全国外出农民工数量为 1.5 亿人，其中，16～30 岁的占 61.6%。

与改革开放初期的农民工相比，新生代农民工对劳动条件的要求更高。

他们不仅希望工资水平能够与城镇职工趋近，而且希望劳动环境、社会保障也能相应改善。这种要求体现在新生代农民工的择业上，便呈现出在建筑业就业的意愿下降、在普工或后勤服务岗位就业的意愿下降以及在小企业就业的意愿下降等特点。

表2-5 传统农民工与新生代农民工的就业意愿比较(%)

	传统农民工	新生代农民工
就业行业		
制造业	56.4	67.3
建筑业	12.3	3.7
服务业	24	26.3
农业	5.4	1.0
就业岗位		
普工或后勤服务人员	54.2	46.2
文员或质检员	2.6	9.7
服务员	3.8	10.8
企业规模		
100人以下	40	33.3
101~1000人	39.6	38.2
1001人以上	20.4	28.5

资料来源:《全国总工会关于新生代农民工问题研究报告》,《工人日报》,2010年6月21日

新生代农民工对劳动条件要求提高，是社会发展的必然结果，也是推动农民工整体成本上涨的重要因素。

（三）政府社会保障政策的不断落实和完善必然推动农民工用工成本提高

目前新生代农民工中，享有养老、医疗、失业保险的比例分别只有21.3%、34.8%和8.5%。而在2006年时，城镇养老、医疗和失业保险的覆盖率已分别达到66.3%、55.5%和43.6%。在推动城乡统筹、提高政府公共服务功能的大背景下，政府必然不断推动落实社会保障政策，特别是落实针对农民工的社会保障政策。按照我国到2020年实现人人享有基本社会保障的目标，未来10年将是农民工社会保障覆盖率快速提高的10年，也将是农民工用工成本快速提高的10年。

（四）服务业的快速发展将推动高端劳动力工资的上涨

服务业发展的滞后已成为制约我国经济社会发展的重要因素。“十二五”时期，我国将把推动服务业大发展作为产业结构优化升级的战略重点，大力发展生产性和生活性服务业，拓展服务业新领域，推进规模化、品牌化和网络化经营，推动特大城市形成以服务经济为主的产业结构。

在服务业中，除少数生活性服务业，如餐饮、住宿外，大多数服务业，包括金融、保险、商务服务、教育、科学、文化、医疗保健、公共管理等，都要求从业者受过较高程度的教育，具有一定的专业知识和技能。这些服务业的发展，必然对高端劳动力提出更多的需求，从而推动高端劳动力工资的上升。

五、我国劳动力成本上升的影响

（一）劳动力成本上升对劳动者的影响

劳动力成本对于劳动者而言便是收益。劳动力成本上升，特别是低端劳动力成本上升，对于提升劳动者收入、改善劳动者生活水平，有着直接的影响。劳动力成本上升可分为两大部分：一部分是劳动者工资上升。按照持久收入假说，劳动者工资的稳定上升而非暂时提高，会带来劳动者消费水平的永久性提高。另一部分是与劳动者相关的福利和社会保障的改善。这会进一步提高劳动者的整体生活质量，同时在一定程度上解除其后顾之忧，使其更放心大胆地消费，提升生活水平。

同时，劳动力成本上升，劳动者为自身和下一代进行人力资本投资的能力便上升，这对于改善劳动者及其下一代的长期境遇具有至关重要的影响。

（二）劳动力成本上升对企业的影响

劳动力成本上升对企业的影响取决于两个因素：一是劳动力成本在总成本中所占比重。在企业利润率一定的情况下，这一比重越高，劳动力成本上升对企业的影响越大；二是企业的利润率。在劳动力成本占总成本比重一定的情况下，企业利润率越高，承受劳动力成本上升的能力便越强。

目前，我国企业人工成本占总成本的比重总体不高，一般在10%以下。

不过,不同行业劳动力成本在总成本中所占比重有着明显差别。表2-6反映,人工成本占企业总成本比重高于地区平均水平的行业主要有:电力燃气及水的生产和供应业,建筑业,交通运输、仓储及邮政业,信息传输、计算机服务和软件业,住宿和餐饮业,金融业,租赁和商务服务业,居民服务业和其他服务业。这些行业具有如下特点:1. 一些行业具有垄断性质,至少是地区垄断性质,包括电力燃气及水的生产和供应业以及邮政业;2. 不少行业属于知识密集型产业,包括信息传输、计算机服务和软件业,以及金融业;3. 建筑业是近年来我国城市化进程中发展较快的一个行业。

制造业人工成本占总成本的比重则一般低于地区平均水平。

表2-6 若干城市(省)不同行业人工成本占企业总成本的比重(%)

	北京	大连	无锡	南平	通州	厦门	衡水	青海
平均	-	10.5	5.57	7.14	5.64	6.10	7.4	11.69
采矿业	15.79	5.7	-	-	-	-	-	5.12
制造业	5.55	5	5.12	7.90	4.68	5.67	6.0	13.33
电力燃气及水的生产和供应业	9.56	19.2	6.55	23.18	21.56	3.58	8.2	11.77
建筑业	7.81	12.5	11.57	25.37	31.14	11.03	12.1	10.8
交通运输、仓储及邮政业	33.82	16.4	20.08	29.23	-	8.62	16.1	22.12
信息传输、计算机服务和软件业	2.80	12.5	15.77	-	-	13.04	12.9	21.26
住宿和餐饮业	16.09	21.3	24.51	19.59	19.79	29.18	42.6	39.55
批发和零售业	4.84	15.8	2.18	8.5	5.22	0.91	1.8	5
金融业	19.76	10.3	10.34	2.53	17.14	16.11	11.4	33
房地产	9.89	6.3	5.22	36.76	1.18	11.49	-	11.05
租赁和商务服务业	20.86	5.9	2.8	-	-	16.85	-	55.38
居民服务业和其他服务业	5.52	14.2	7.22	47.50	-	13.08	46.9	29.75

注:表中厦门市是2006年数据,青海省是2009年数据,其余均为2008年数据

资料来源:相关城市(省)人力资源和社会保障网站,并经笔者整理

制造业中不同子行业人工成本占企业总成本的比重差别也较大。总体而言,纺织、服装、鞋帽制造等典型的劳动密集型行业,人工成本占企业总成本的比重较高,而重化工资源、资本密集型行业人工成本占企业总成本的比重相对较低。不过,制造业各子行业人工成本占企业总成本的比重,不同地区差别较大。

表2－7　若干城市（省）制造业若干子行业人工成本占企业总成本的比重（%）

	北京	厦门	通州	西安	衡水	青海
制造业平均	5.55	5.67	4.68	9.0	6.0	13.33
食品制造业	9.05	9.22	1.54	–	6.4	17.53
纺织业	11.07	8.23	4.87	26.3	15.8	13.5
纺织服装、鞋、帽制造业	19.80	28.46	4.25	–	11.2	–
家具制造业	7.83	11.76	6.51	7.8	2.5	–
造纸及纸制品业	3.51	4.69	–	–	18.1	–
印刷业和记录媒介的复制业	16.47	1.60	–	19.2	28.7	23.03
医药制造业	15.04	10.88	–	12.0	15.8	22.25
非金属矿物制造业	11.23	8.20	37.54	–	6.7	8.04
黑色金属冶炼及压延加工业	5.58	–	–	–	2.5	14.51
有色金属冶炼及压延加工业	5.78	5.13	–	–	8.7	11.31
金属制造业	6.57	13.69	5.17	15.8	5.0	13.59
通用设备制造业	10.78	11.36	3.11	14.0	11.3	25.32
专用设备制造业	12.90	3.92	13.77	16.6	29.0	–
电气机械及器材制造业	8.99	2.69	11.02	7.6	5.6	–
通信设备、计算机及其他设备制造业	2.88	4.80	2.26	19.4	–	–

注：表中厦门市是2006年数据，青海省是2009年数据，其余均为2008年数据

资料来源：相关城市（省）人力资源和社会保障网站，并经笔者整理

劳动力成本上升对企业的影响还与企业的利润率相关。表2－8反映，劳动力成本占总成本比重较高的纺织、服装、鞋帽等劳动密集型行业，利润率却较低。

表2－8　2009年制造业若干子行业规模以上企业工业成本费用利润率

	规模以上企业工业成本费用利润率（%）
医药制造业	12.30
印刷业和记录媒介的复制业	9.00
食品制造业	8.89
非金属矿物制造业	8.42
专用设备制造业	7.77
通用设备制造业	7.24
电气机械及器材制造业	7.21
全国平均	6.91

续表

	规模以上企业工业成本费用利润率(%)
造纸及纸制品业	6.76
纺织服装、鞋、帽制造业	6.46
金属制造业	5.95
家具制造业	5.90
纺织业	5.15
有色金属冶炼及压延加工业	4.64
通信设备、计算机及其他设备制造业	4.14
黑色金属冶炼及压延加工业	3.25

资料来源:《中国统计年鉴2010》

总之,按照劳动力成本占总成本的比重和利润率两个因素,可将企业大致分为四大类:第一类是劳动力成本占总成本比重较低,利润率也较低,比如黑色和有色金属冶炼及延压加工业,通信设备、计算机及其他设备制造业等;第二类是劳动力成本占总成本比重较低,利润率较高,比如非金融矿物制造业、电气机械及器材制造业等;第三类是劳动力成本占总成本比重较高,利润率较低,比如纺织、服装、鞋帽制造业;第四类是劳动力成本占总成本比重较高,利润率也较高,比如医药制造业、专用设备制造业等。

劳动力成本上升对第三类企业的影响最大,这一类企业主要是传统劳动密集型企业;对第二类企业影响最小,这一类企业主要是资源和资本密集型企业;而对第一、第四类企业的影响居中。

(三)劳动力成本上升对国家的影响

1. 低端劳动力成本上升对我国发展模式产生一定影响,但在短期内并不足以对传统比较优势构成实质性冲击

改革开放以来,我国发展模式呈现"三高五低"的粗放型特征,"三高"即高能耗、高物耗和高污染,"五低"即低劳动力成本、低资源成本、低环境成本、低社会保障以及建立在前四者基础上的低价出口竞争。其中,低劳动力成本在我国粗放型发展模式中作用尤为重要。大量低成本劳动力是乡镇企业和民营企业崛起的重要基础,是东部地区承接国际产业转移、发展加工贸易的重要基础,也是城市化进程中建筑、交通、电力等快速发展的重要基础。改革开放30多年,我国的经济增长和财富积累,很大程度上得益于庞大的低成本劳动力大军所带来的人口红利。

低端劳动力成本上升，会对我国发展模式产生一定影响，但在短期内并不足以对传统比较优势构成实质性冲击，原因在于：

1. 低端劳动力成本虽然上升，但与发达国家相比差距仍不可以道里计。图4反映，我国制造业劳动力成本只有OECD国家的7.9%。劳动力成本的这种巨大差距，决定了我国与发达国家之间的分工格局不会有实质性的变化，劳动力比较优势仍将是我国参与跨国公司全球产业链的重要基础。

2. 与亚洲发展中国家相比，我国劳动力成本优势已消失。但根据国家发改委对外经济研究所(2011)的一份调研报告，在全国加工贸易之都的东莞，目前很少有企业准备将工厂迁往东南亚地区。主要原因在于：一是东莞地区已形成比较完善的加工贸易供应链和产业集群，除非上下游企业一块搬迁，否则单个企业搬迁会带来较高的产业配套成本；二是我国劳动力成本虽然上升，但我国劳动力结构正在优化，高端劳动力、熟练劳动力和技术工人日益增多，劳动者的职业精神和职业素养明显优于越南、柬埔寨等国家；三是我国东部发达地区地方政府的服务意识较强，政府法律法规透明，企业与政府打交道的交易成本较低。相比之下，东南亚、南亚国家则由于劳动力素质不高、硬件设施落后、政府行为不规范以及社会治安混乱等原因，整体营商环境的吸引力不如我国。因此，亚洲发展中国家短期内并不足以对我国传统比较优势形成全面的冲击。

3. 我国幅员辽阔，各地发展极不平衡，东部和中西部地区的劳动力成本存在较为明显的差距。在东部地区劳动力成本涨幅较明显的情况下，中西部地区仍有依靠低成本劳动力进行发展的可能。目前，富士康、戴尔、惠普等大型跨国公司将一部分生产能力转移到了中西部地区，依靠当地的低价要素，继续复制其在东部地区的发展模式，便是明显的例证。

2. 劳动力成本上升有助于经济发展方式的转变

首先，劳动力成本上升，对于广大劳动者扩大消费具有直接的显著作用。一般而言，低收入者的边际消费倾向要高于高收入者。增加低收入者的收入，对于扩大消费的作用更为显著。

其次，劳动力成本上升，有助于广大劳动者增加人力资本投资，提升受教育水平和劳动技能，从而推动我国比较优势的动态变化，使我国未来经济的发展更多地建立在技能、知识的投入上，而非简单劳动力的投入上，真正实现经济发展方式从粗放型向集约型的转变。

第三，劳动力成本上升、劳动者境遇改善，有助于劳资关系的和谐，有利于社会的稳定，进而有利于经济社会的长期繁荣。西方国家自第二次工业革命后，除因战争导致的社会分裂和动荡外，基本没有再发生大规模的革命和内乱，社会保障制度的建立和完善是一个非常重要的原因。

六、企业和国家的应对策略建议

（一）企业的应对策略

1. 劳动力成本上升虽暂时可能减少企业的利润，但劳资关系的改善、劳动力素质和技能的提升、劳动力对企业更多的归属感等，却在长期可能给企业带来更多的价值。在西方国家，维持较高的工资水平是保持工人对企业的忠诚度、提升工人工作积极性的重要机制，特别是在企业困难的时候，和谐的劳资关系、工人的忠诚度等无形资产对于企业渡过难关更为重要。因此，企业对于劳动力成本上升，首先应抱着积极的态度看待，用长远的眼光分析，不必因利润率的暂时下降而排斥和抗拒。

2. 在劳动力成本上升的情况下，企业可考虑提升生产自动化水平，实现资本对劳动力一定程度的替代，提高劳动生产率，从而保持单位劳动成本稳定甚至下降。

3. 开发技术含量更高、增值能力更强的新产品，开发自主品牌，实行与其他企业差异化的竞争策略，提高销售收入，提升利润率。

4. 将企业的劳动密集型生产环节进行转移。

（二）国家的应对策略

对于国家而言，劳动力成本上升固然会对原有的发展模式产生一定冲击。而在转变经济发展方式的过程中，国家可能需要付出较高的转换成本，比如经济增长率可能下降、政府财政赤字可能扩大等。但是，劳动力成本上升是经济社会发展的必然结果，对于国家长远的发展也是利大于弊。因此，国家应顺应这一大势，采取积极措施，尽量降低劳动力成本上升可能带来的不利影响。

1. 清理针对企业的税费项目，减少企业的税费负担，使得企业总成本的上升保持在可控范围内。这样做的结果是，劳动者收益，企业维持原状，而政府则让渡一部分利益。

2. 加快政府职能转变，压缩不必要的开支，加强政府的公共服务能力，提升针对劳动者的教育、培训和社会保障水平。

3. 改善东部相对落后地区和中西部地区的基础设施和投资环境，积极引导劳动密集型企业向这些地区有序转移。

（执笔人：杨长湧）

参考资料：

1. 贺聪、尤瑞章、莫万贵(2009). 制造业劳动力成本国际比较[J]金融研究.2009 年第 7 期

2. 都阳、曲玥(2009). 劳动报酬、劳动生产率与劳动力成本优势[J]中国工业经济.2009 年第 5 期

3. 陈俊(2006). 从国际比较看我国劳动力价格水平的优势及趋势[J]中国经贸导刊.

4. 夏怡斐、南天云(2007). 我国未来劳动力价格预测研究[J]经济纵横.2007 年第 10 期

5. 张本波(2008). 我国劳动力成本上升的因素和影响[J]宏观经济管理.2008 年第 8 期。

6. 辛永荣(2010). 中国制造业劳动力成本的影响因素研究[J]价格月刊.2010 年 2 月。

7. 蔡昉、王美艳(2007). 劳动力成本上涨与增长方式转变[J]中国发展观察.2007 年 4 月

8. 蔡昉(2007). 破解农村剩余劳动力之谜[J]中国人口科学.2007 年第 2 期

9. 蔡昉(2004). 人口转变、人口红利与经济增长可持续性[J]人口研究.2004 年 3 月第 28 卷第 2 期

10. 蔡昉(2010). 中国发展的挑战与路径：大国经济的刘易斯转折[J]广东商学院学报.2010 年 1 月

11. 蔡昉(2008). 中国经济如何跨越“低中等收入陷阱”[J]中国社会科

学院研究生院学报.2008年1月

12. 财政部财政科学研究所课题组(2009). 我国劳动力成本状况与中美经济关系[J]经济与管理研究.2009年第4期

13. 吴湘频(2008). 劳动力成本提升对广东加工贸易的影响[D]暨南大学学位论文

14. 王晓鹏(2007). 劳动力成本对南京劳动密集型制造业的影响研究[D]南京航空航天大学学位论文

15. 徐军(2006). 劳动力成本上升背景下江苏省加工贸易转型研究[D]南京航空航天大学学位论文

16. 张本波(2009). 我国劳动力成本变动趋势及影响研究. 中国计划出版社.2009年4月

第三章

中国土地价格变化的现状、影响及国际比较分析

改革开发以来，我国土地使用制度从“三无”到“三有”，特别是随着住房商品化，以及土地“招、拍、挂”制度的推行，我国土地市场空前繁荣和火热，近几年全国各地“地王”更是频频出现，分税制改革后的土地财政更是广受诟病。为此，本文通过梳理分析近十年来我国土地市场的变化情况，并与具有代表性的日本土地市场发展历史及经验教训进行比较分析，希望能具有一定的借鉴参考价值。土地作为一种稀缺资源，土地价格的上升对政府财政，企业用房、用地带来的成本上升、居民住房成本将带来非常大的影响。

本文分三个部分，一是中国土地市场形成的历史回顾；二是中国土地价格变化的现状、原因分析；三是土地价格的国际比较分析。

一、中国土地市场形成的历史回顾

新中国成立后很长一段时间内，我国的土地使用制度是无偿、无限期、无流动的行政划拨使用制度，这种土地制度很大程度上导致土地资源配置不合理、利用效益低、土地浪费严重、产权关系混乱等问题。改革开放后，为了克服土地无偿使用带来的种种弊端，在城镇国有土地使用制度方面进行了一系列改革，从“三无”到“三有”——土地使用权由“无偿、无期限、无流动”向“有偿、有期限、有流动”转变。

改革的触角首先触及的是土地无偿、无期限、无流动使用的禁区。1979

年7月五届全国人大二次会议审议通过和颁布施行的《中华人民共和国中外合资经营企业法》规定,可以出租批租土地给外商使用。1982年,深圳特区开始按城市土地的不同等级向其使用者收取不同标准的使用费;1986年下半年,特区率先进行土地使用权有偿、有期出让和转让试点改革。

1987年12月1日下午,在深圳会堂内举行的新中国成立以来首次土地拍卖会,一宗面积为8588平方米的土地被一家房地产公司以525万元的价格竞得使用权。这也就是后来被称之为中国历史上土地拍卖的“惊天第一拍”,开创了用市场配置土地资源和土地使用权有偿转让的先河。

深圳迈出了中国城市土地管理制度改革的关键一步,即首次公开拍卖土地使用权。深圳的这一步改革意义非凡,正是这关键的一步直接促成了宪法的修改,1988年4月12日,由第七届全国人民代表大会第一次会议通过的《中华人民共和国宪法修正案》第二条中明确写道:“任何组织或者个人不得侵占、买卖或者以其他形式非法转让土地。土地的使用权可以依照法律的规定转让。”以国家根本大法的形式肯定了深圳土地管理体制改革的做法,这为全面实行国有土地使用权有偿转让提供了根本的法律依据和保障。深圳土地拍卖“第一槌”奠定了中国城市土地管理制度改革的基石。

随后,颁布于1986年的《土地管理法》,历经1988年、1998年、2004年三次修改,基本确立了以土地所有权和土地使用权为核心的土地权利制度。《土地管理法》、《城镇国有土地使用权出让和转让暂行条例》、《城市房地产管理法》进一步确立了土地使用权出让制度。通过一系列法律规定的制定实施,到20世纪90年代初,我国对城镇土地使用制度的改革,建立起土地有偿、有限期、可依法进行土地交易的有偿使用制度。这种制度理顺了产权关系,使土地的资产特性得到体现,也体现了国家做为土地所有者对土地的所有权。

随着土地使用制度改革的深入,有偿、有期限用地的制度在全国范围内得到推行,土地市场获得了初步发展,但是在土地出让市场中却存在诸多弊端:协议出让方式被滥用,相当一部分协议出让土地形同行政划拨,土地价格受到扭曲;一些地方政府对土地的供应方式有很大的随意性,国有土地资产大量流失;一些地方为招商引资,工业用地出让中长期存在着低地价乃至“零地价”。

伴随着住房商品化,1994年7月18日,国务院发布国发[1994]43号文件，即《关于深化城镇住房制度改革的决定》，根本目的是为了建立与社会主义市场经济体制相适应的新的城镇住房制度，实现住房商品化、社会化；加快住房建设，改善居住条件，满足城镇居民不断增长的住房需求。其具体内容包括：把住房建设投资由国家、单位统包的体制改变为国家、单位、个人三者合理负担的体制；把各单位建设、分配、维修、管理住房的体制改变为社会化、专业化运行的体制；把住房实物福利分配的方式改变为以按劳分配为主的货币工资分配方式；建立以中低收入家庭为对象、具有社会保障性质的经济适用住房供应体系和以高收入家庭为对象的商品房供应体系；建立住房公积金制度；发展住房金融和住房保险，建立政策性和商业性并存的住房信贷体系；建立规范的房地产交易市场和发展社会化的房屋维修、管理市场，逐步实现住房资金投入产出的良性循环，促进房地产业和相关产业的发展。

1998 年 7 月 3 日，国务院关于进一步深化城镇住房制度改革加快住房建设的通知（国发[1998]23 号文件），明确“停止住房实物分配，逐步实行住房分配货币化”、“全面推行和不断完善住房公积金制度”、“发展住房金融”、“采取扶持政策，加快经济适用住房建设”，进一步推动了土地市场的发展。1998 年是我国房地产改革取得关键性突破的一年，为刺激国内经济拉动内需，国家取消福利分房政策，住宅产业全面进入市场化运作阶段。停止住房实物分配，逐步实行住房分配货币化，特别是大力发展住房金融业等，改变了城镇居民的住房消费观念，加快了住房商品化进程，使住房需求得到进一步释放，房地产市场规模迅速扩大。

住房商品化的大力推行，进一步加快了土地市场化改革的进程，由于以协议出让为主要形式的土地出让方式存在着一系列问题，譬如：由于交易过程不公开，寻租行为普遍，腐败问题时有发生，导致了国有资产流失；由于缺乏竞争、市场秩序不规范，导致出现了严重的价格扭曲和低价出让等现象。

为此，2001 年国务院下发的《关于加强国有土地资产管理的通知》和 2002 年国土资源部《招标拍卖挂牌出让国有土地使用权规定》中明确要求，严格实行国有土地有偿使用制度，对经营性土地协议出让“叫停”，明确商业、旅游、娱乐和商品住宅用地等经营性用地使用权出让必须采用“招拍挂”方式。《通知》同时提出，工业用地也要创造条件逐步实行“招拍挂”出让。2004 年出台的《国务院关于深化改革严格土地管理的决定》有针对性地指出：“禁止非法压低地价招商”，同时要求加快工业用地进入市场化配置。

2006年出台的《国务院关于加强土地调控有关问题的通知》，则完全把工业用地纳入了市场竞争的范围，要求“工业用地必须采用招标、拍卖、挂牌方式出让，其出让价格不得低于公布的最低价标准”。

土地“招拍挂”制度的核心是“价高者得”，过程具体包括：土地招标、土地拍卖和土地挂牌这三个部分。伴随着土地出让中“招拍挂”制度的不断推行、推进，各大城市“地王”不断涌现、价格不断攀升，土地价格的市场形成机制，使全国土地出让金收入更是不断节节攀升、膨胀。

二、中国土地价格变化的现状、原因分析

（一）近十年土地市场变化情况

“十五”和“十一五”是中国经济高速发展的时期，在这两个五年计划实施阶段，取得了9.78%的年均GDP增长率。经济的快速发展，其中土地房地产市场的拉动、辐射起了非常关键的作用。土地、房地产市场的相互反馈循环，土地价格、房地产价格节节攀升。从2000年到2010年土地价格指数变化趋势显示（图3－1），综合用地、居住用地、商业用地和工业用地地价指数逐年增长的趋势明显，特别是“十一五”期间的五年时间里（即从2006年到2010年），各类土地价格大幅上涨，2010年的居住用地地价指数相对于2000年翻了一番。另外，工业用地地价指数相对其他类土地价格指数而言偏低的趋势没有改变，相对于2000年，2010年工业用地地价指数上升了50%，而同期居住用地地价指数则翻了一倍多。

从地价指数上看，2000—2010年，全国重点城市平均地价指数随宏观经济增长持续上升，2007和2010年各类用地地价指数增幅较高。其中，2010年综合、商业、居住和工业地价指数分别达到181、184、209和149。

根据国土资源部统计数据：在“十一五”期间的五年时间里，全国共批准新增建设用地3300多万亩，土地出让总收入7万多亿元。作为“十一五”收官之年的2010年，全国土地出让金更是达到了2.9万亿元人民币，同比2009年增加70.4%，全国实际建设用地供应642万亩，比2009年增加了18%。从2005年到2010年七年全国土地出让金统计数据图（图3－2）可以看出：“十一五”期间，全国土地出让金（除2008年在全球金融危机的冲击

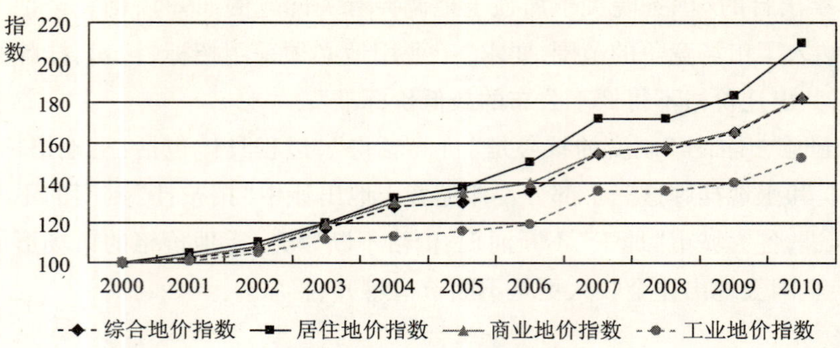

图 3－1　2000—2010 年中国各类地价指数

数据来源：国土资源部全国城市地价动态监测系统数据

下，土地出让金有所下降）逐年上涨，结合图 3－1，除了土地供给增加之外，土地价格上涨是“十一五”期间全国土地出让金大幅增长的另外一个重要原因，除了这两个原因之外，最根本的原因是由于地方政府的土地财政政策，地方政府高度依赖土地出让收入。我们知道，现行的分税制改革之后，中央税收占财政总收入的比重迅速上升，而地方财政收入的比重下降，财政收入下降的同时，但支出却在扩大，因此给地方政府财政带来巨大的压力，驱使地方政府寻求扩大财政收入的来源。在住房改革、住房商品化的推动下，土地出让金自然就成了地方政府财政收入的一条重要途径。因此，地方政府高度依赖土地收入的现状不改变，土地价格就很难降下来。

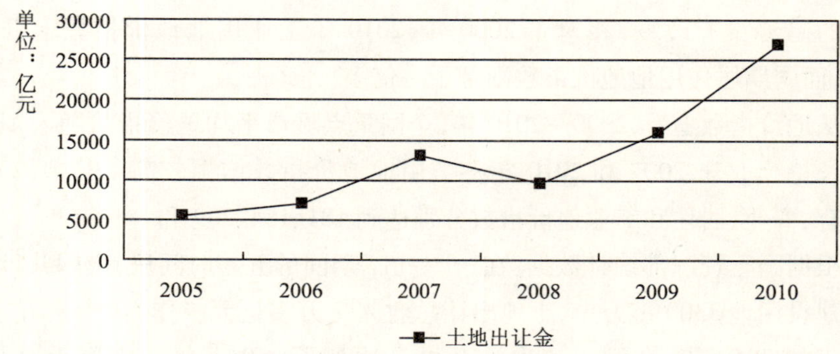

图 3－2　2005—2010 年全国土地出让金

数据来源：笔者根据历次公报整理

表 3-1 2007—2010 年全国 20 个城市土地出让金排名及变化趋势

排名	城市	2010（亿元）	同比2009（%）	2009（亿元）	同比2008（%）	2008（亿元）	同比2007（%）	2007（亿元）
1	北京	1615	74	928	85	503	112	438
2	上海	1497	48	1043	172	382	30	803
3	大连	1073	310	262	79	146	455	47
4	天津	932	39	732	67	439	89	388
5	武汉	764	107	361	345	81	35	267
6	杭州	519	-48	1054	238	312	63	646
7	无锡	510	99	315	278	83	1800	16
8	南京	437	82	242	66	146	-37	383
9	佛山	390	44	332	390	68	54	216
10	重庆	363	2	440	276	117	40	314
11	苏州	330	65	275	326	65	-35	422
12	广州	311	-22	489	301	122	51	323
13	成都	308	16	324	389	66	-18	396
14	洛阳	253	-33	295	93	153	-6	313
15	厦门	232	-22	303	475	53	-14	352
16	常州	232	19	176	262	48	187	61
17	哈尔滨	217	121	98	371	46	-	-
18	济南	190	35	183	360	40	515	30
19	青岛	183	26	155	56	99	47	105
20	合肥	178	34	154	137	65	79	86

数据来源：世联数据平台、中国指数研究院

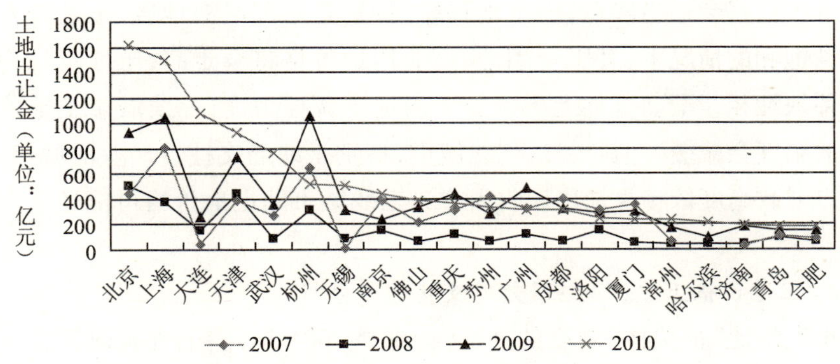

图 3-3 2007—2010 年全国 20 个城市土地出让金

数据来源：世联数据平台、中国指数研究院

从图 3 - 3 数据分析，20 个城市土地出让金总体而言逐年增加（杭州除外，杭州在 2009 年土地出让收入全国排名第一），除了投入市场的土地供给增加外，土地价格上升是一个主要的原因。

（二）土地价格变化趋势及原因分析

1. 各类用地价格呈现“低工业用地”和“高住宅用地”的趋势明显

从图 1 可知，长期以来，居住用地、商业用地、工业用地三类地价都呈上涨趋势，特别是 2006 年、2007 年、2009 年和 2010 年各类地价上升尤为突出。其中一个不容忽视的情况是，居住用地地价遥遥领先，而工业有地地价则相对偏低。土地价格被扭曲为“低工业用地价格”和“高住宅用地价格”，造成这样的局面，主要有两个方面的原因：

一方面，为了发展当地经济，特别是工业企业，政府以低廉的土地价格作为优惠政策的一部分来招商引资，因此，工业用地地价有被人为压低的因素；另一方面，住房商品化，房地产市场一路高歌猛进，住房价格上升预期强烈，加上刚需、投机炒作，使得开发商和购房者双双都预期未来价格走高的趋势，导致房地产开发商对土地市场信心十足，在土地供给有限的情况下，信奉“土地为王”、“土地必升值”，再加上土地“招拍挂”制度的推行，造成“高住房价格 - 高土地价格 - 高住房价格”的循环加速，从而造成住宅用地地价、商业用地地价不断攀升。

随着保障性住房用地、经济适用房和廉租房用地加大比例投放，住宅用地综合价格将会适当降低，在土地稀缺，特别是东部沿海地区，土地开发利用逐渐饱和的情况下，其工业用地、商业用地价格将会走高，土地价格将与土地稀缺性相匹配。再加上国家加大房地产调控力度，一线城市土地价格上涨的幅度会减缓。但是，二、三线城市，特别是缺乏支柱性产业的城市，由于地方财政高度依赖土地出让收入，二、三线城市的土地价格可能还会继续走高。

2. 土地价格上涨、“地王”频现及其原因分析

土地出让“招拍挂”制度的推行，特别是 2004 年，国土资源部联合下发“71 号令”（即“831 大限”），掀起了土地市场改革调控新的一页，对房地产市场格局产生了深远的影响。随后全国各地“地王”不断涌现，2006 年、2007 年、2009 年和 2010 年更是“地王”的疯狂年。2006 年，中国各主要城市“地

王”频频出现，不少二线城市地价也不甘落后，昆明创造了以个人名义高价购地的历史，广州的地价与北京、上海平起平坐，上海土地竞价结果公布甚至曾经因为竞争过于激烈而无限期延后。2007 年是整个中国地产市场陷入疯狂的一年，在各地“招拍挂”制度的推动下，天价“地王”频频出现，楼面价格高于周边房价，因此出现了“面粉贵于面包”的形象比喻。从 2007 年 5 月开始，杭州、上海、重庆、广州、长沙、郑州等地的新一轮“地王”争夺战纷纷上演。新“地王”拍得的土地价格，有的比起一年前甚至数月前的“地王”价格上涨了近一倍。2007 年各地房价的疯狂上涨带动了土地市场火爆，而随后在楼市转入低迷的一年多时间里，全国土地市场也进入冬天。2008 年，土地市场流拍替代了溢价，底价成交替代了“地王”，而曾经的地王日子吃紧起来，“土地储备”成为一个个“烫手山芋”。在全球金融危机的影响下，房地产市场日趋低迷，下游销售不畅阻碍资金回笼，无力追加资金“供养”地王。但是伴随着楼市的回暖，沉寂了一年多的中国土地市场再度火爆，2009 年，北京、上海、重庆、武汉等地土地市场“地王”再次相继出现，开发商疯狂拿地的一幕又重现土地市场。2009 年，房价快速上涨的现象与各主要大城市（如北京、上海、广州）的“地王”再现的现象同时共存。据有关机构统计，2009 年中国单价“地王”前十名平均楼面地价达每平方米 2.5 万元人民币。

表 3-2 2010 年各省份城市“地王”一览

城市	总价地王（亿元）	楼面单价地王（元/平方米）
北京	63	30197
上海	92.2	52855
天津	70.5	10410
南京	121.41	12789
合肥	19.88	4839
海口	17.27	5685
昆明	18.42	5435
长沙	26.5	3312
成都	41.38	8200
广州	86	20605
武汉	53.98	8754.6
贵阳	8.71	3854
济南	18.16	4729

续表

城市	总价地王（亿元）	楼面单价地王（元/平方米）
南昌	8.24	5881
沈阳	31.22	9222
兰州	6.6	2972
南宁	15.92	11033
长春	8.065	9304
哈尔滨	45.67	未知
杭州	26.85	37069
重庆	24.22	5207
西安	8.576	11666
太原	14.34	2770
福州	60	28135
郑州	11.085	5564
银川	8.8	未知
乌鲁木齐	1.93	4610
石家庄	9.51	4410

根据《中国经济周刊》旗下的中国经济研究院对内地 28 个省份的主要城市的地价统计数据，总体来看，2010 年全国省会城市地王楼面价超过 1 万元/平方米的城市有 8 个，其中上海地王 52855 元/平方米、杭州 37069 元/平方米、北京 30197 元/平方米，位居前三，地王楼面价超过 5000 元/平方米的城市有 18 个。另外，还有合肥、长沙、贵阳、济南、兰州、太原、乌鲁木齐、石家庄这 8 个城市的地王楼面价低于 5000 元/平方米。可统计的全国 28 个主要城市的地王楼面均价高过 1 万元/平方米，而 28 个总价地王的价格之和为 918 亿元。

总而言之，回顾过去的 2010 年，2009 年的地王楼面价一再被刷新，从数量来看，2010 年地王涉及面相对更广，在全国范围内普遍出现。地王迭出，不仅北京、上海地王频现，二、三线城市也异常火爆。譬如被誉为南方"财都"的温州，涌现的"地王"——挂牌出让起始价为 19.28 亿元人民币、土地面积约为 38883 平方米、总建筑面积为 100000 平方米的地块，最终以 37.02 亿元的总价创造了温州多年来土地出让的天价，折合成楼面地价高达 3.7 万元/平方米，土地价格达到 9.5 万元/平方米。从全国范围来看，这一地价也达到 2010 年全部出让土地楼面价的最高水平。再以广西南宁为例，2010 年南宁拍出了总价 15.92 亿，楼面单价 11033 元/平方米的记录，创造了 2010 年南宁"地王"，楼面单价远远超过南宁的平均房价水平。从全国范围来看，一个显著的特点是,2010 年几乎全国所有省会城市都诞生了新地王,地王正逐步由一线城市向二、三线城市蔓延。

另外,从土地价格来看,2010 年已经成交的北京市 CBD 核心区 6 宗地块合计国土面积为 52583 平方米,其成交总价为 181.4 亿元,这意味着北京市 CBD 核心区的国土价格已经高达近 35 万元/平方米。值得一提的是,2009 年美国 GDP 为 14.1 万亿美元,折合成人民币为 92.9 万亿元,据估计,2010 年美国 GDP 为 14.5 万亿美元,折合成人民币为 95 万亿元,而 2010 年北京土地出让总收入 1641 亿元人民币,平均地价大概为 8000 元/平方米,北京国土面积为 164.1 亿平方米,因此当前北京土地总市值大致为 130 万亿元人民币,远远超过 2010 年美国 GDP 总量。

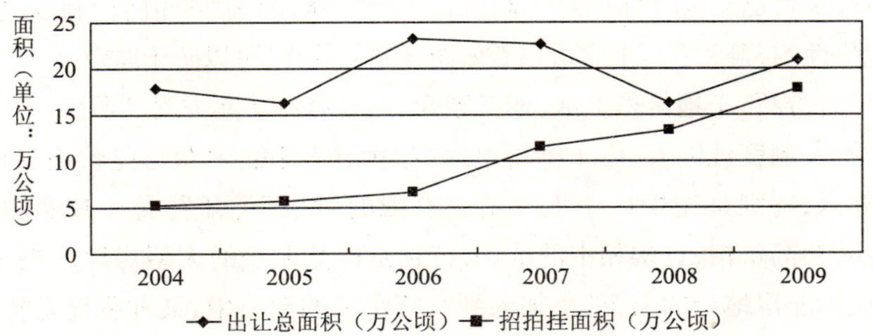

图 3-4 全国土地出让面积与"招拍挂"方式出让面积

数据来源:国土资源公报

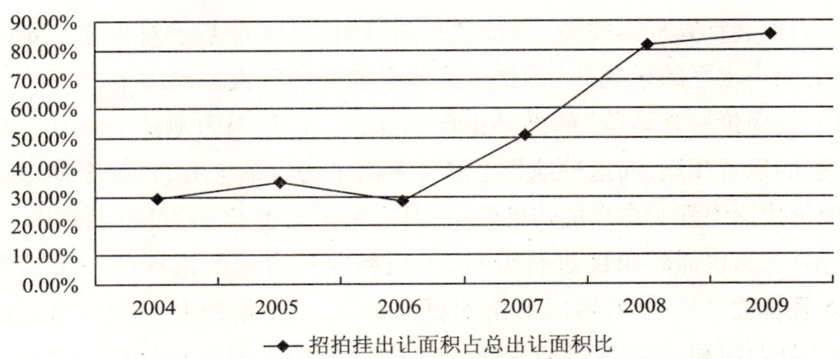

图 3-5 2004—2009 年全国"招拍挂"方式出让面积占总出让面积比

数据来源:国土资源公报,笔者整理

结合图3－2、图3－4、图3－5可知，全国土地出让金除了2008年外，2004—2010年，全国土地出让金逐年攀升，“招拍挂”方式出让土地的比例从2006年开始，增加幅度逐渐增加，2009年“招拍挂”方式出让土地面积占总出让土地面积的比重已经达到85.30%，从土地出让收入，出让土地的面积和“招拍挂”方式比重三者综合分析，土地“招拍挂”制度的大力推行和开展，从某种程度来说，助长了土地出让金的急剧增加，全国各地“地王”频现，某种程度上与推行土地“招拍挂”制度有着一定的关系。但是，土地“招拍挂”制度的推行，只是导致“地王”频现的充分条件之一，因为，现在的“招拍挂”制度的核心是竞争，价高者得，在土地供给有限的情况下，不管是央企、民企或外企都可能成为“地王”，是由制度本身决定的，但是我们是否可以因为“地王”的频现，来否定土地的“招拍挂”制度？当然不能，因为“招拍挂”制度是透明的、竞争性的，很大程度上它可以有效防止暗箱操作，可以防止腐败。

综合分析，土地价格上涨，地王频现，主要有以下几方面的原因：

第一，制度性因素，由于推行土地“招拍挂”制度，其核心是价高者得，在土地有限，特别是城中区土地供给更有限的背景下，开发商在激烈的竞争中，轮番抬高价格，竞购相中的地块，特别是广受诟病的大型房地产央企（包括主业为非房地产的央企）也加入到疯狂拿地的潮流中，某种程度上推高了土地拍卖成交价。

第二，对未来预期的看涨，因为土地不是最终产品，土地的价值最终体现在土地上的房屋或建筑设施带来的价值或增值。开发商疯狂拿地，制造地王，自然会计算成本收益，高价拿地的背后，其实是基于对未来一定时期房价的某一水平的乐观预估，在房价节节攀升的巨大推动力下，形成了“高地价－高房价－高地价”的循环正反馈加速。正是因为地价上涨缘于对房价上涨的乐观预期，而这种地价上涨又巩固了房价的上升，再加上局部的房价、地价快速上涨对市场的传染作用，对地王频现起了一定的推动作用。

第三，从供需的角度进行分析，土地稀缺是房地产市场的一个显著特点，地理位置优越、核心城区的土地更加稀缺，东部沿海和一线城市土地开发利用日渐饱和，可供土地越来越少。因此，在市场对土地特别是优良位置的土地的偏好背景下，而土地的有效供给跟不上需求的步伐，土地的单一有限供给，加剧了这种供求关系的失衡。正是由于土地的稀缺性导致的土地市场的激烈竞争，推高了地价。

（三）土地价格上涨的影响分析

1. 高地价推高房价

尽管地价到底占房价多少比例，一直备受争议，但是，不容回避的事实是，高地价推高房价。因此，土地价格上涨，特别是“地王”的出现，房价相应随之而涨，地王对周边区域的房价产生巨大的刺激拉动作用，造成看涨房价的预期，加速房价上涨。

2. 地价上涨加大企业的运营成本

地价上涨对企业的影响可分为两个方面，一方面，企业用地地价上涨对企业的直接影响；另一方面，住房用地地价上涨对企业的间接影响。对于租赁土地进行经营的企业影响更大，土地价格的上涨直接增加企业的运营成本，特别是对一些成本敏感型的企业，譬如，以加工贸易之都的东莞为例，加工、低端制造业，本来其利润就微薄，土地成本的上升，将会进一步压缩利润空间，很可能导致这类企业外迁。深圳等沿海地区的一些企业，特别是制造型企业迁往内地，甚至有的撤离中国，把工厂迁往东南亚等地。

对于住房用地价格的上涨，导致住房价格上涨，整个生活成本提高，工资上涨的压力加大，进而带动劳动力成本的提高。工资是企业成本的一个重要构成部分，工资的上涨最终影响企业的运营成本。特别是对一些劳动密集型的外向型出口企业，其人力投入多，用地规模大，影响相对更大。

土地价格上涨，高地价、高房价、高租金，带来企业运营成本上涨的压力，甚至影响到投资环境。一些在北京、上海设立研发中心的外企、跨国公司，除了人力成本外，其运营成本接近一些发达国家水平，一个重要的因素就是高昂的房价和租赁价格（譬如写字楼租金）。

三、土地价格的国际比较分析

（一）全球房地产泡沫破灭的历史回顾

在过去的100年里，世界经济取得了举世瞩目的成就，房地产业的快速发展无疑起到了巨大的推动作用，但是，这期间发生的几次房地产泡沫破灭，甚至崩盘导致的经济危机，对当时和后来的世界经济发展造成了灾难性深远影响，给世界经济造成了惨痛的损失，留下了深刻的教训。

第一次：美国，1926年泡沫破灭，间接引发20世纪30年代世界经济危机

20世纪20年代中期，美国经济出现了短暂的繁荣，建筑房地产业迅速发展起来。拥有特殊地理位置的佛罗里达州出现了前所未有的房地产泡沫。尤其在1923—1926年这几年间，佛罗里达州的地价升幅惊人，譬如棕榈海滩上的一块土地，1923年值80万美元，1924年达150万美元，1925年则高达400万美元。此时出现了一股狂热炒卖房地产的热潮。据统计，到1925年，迈阿密市居然出现了2000多家地产公司，当时该市仅有7.5万人口，其中居然有2.5万名地产经纪人，平均每三位居民就有一位专做地产买卖。当时，地价每上升10%，炒家的利润几乎就会翻一倍。“今天不买，明天就买不到了”热议于民间，在这样背景的刺激下，一向审慎的银行界也纷纷加入炒房者行列。然而好景不长，到1926年，佛罗里达州房地产泡沫迅速破灭，紧接着，这场泡沫又激化了美国的经济危机，结果引发了华尔街股市的崩溃，最终导致20世纪30年代的世界经济大危机、大萧条。

第二次：日本，1991年房地产泡沫破灭，导致日本长期的经济萧条

20世纪80年代后期，为刺激经济的发展，日本中央银行采取了非常宽松的金融政策，鼓励资金流入房地产以及股票市场，致使房地产价格暴涨。1985年9月，美国、联邦德国、日本、法国、英国五国财长签订了“广场协议”，决定同意美元贬值。美元贬值后，大量国际资本进入日本的房地产业，更加刺激了房价的上涨。从1986年到1989年，日本的房价整整涨了两倍。

受房价骤涨的诱惑，许多日本人开始失去耐心，他们发现炒股票和炒房地产来钱更快，于是纷纷拿出积蓄进行投机。到1989年，日本的房地产价格已飙升到十分荒唐的程度，当时，国土面积相当于美国加利福尼亚州的日本，其地价市值总额竟相当于整个美国地价总额的4倍。到1990年，仅东京的地价就相当于美国全国的总地价。一般工薪阶层即使花费毕生储蓄也无力在大城市买下一套住宅。

1991年开始，随着国际资本获利后撤离，由外来资本推动的日本房地产泡沫迅速破灭，房地产价格随即暴跌。到1993年，日本房地产业全面崩溃，企业纷纷倒闭，遗留下高达6000亿美元的坏账。日本房地产崩盘，从后果上看，这是历史上影响时间最长的一次，这次房地产泡沫破灭，不但沉重打击了房地产业，还直接引发了严重的财政危机。受此影响，日本迎来历史上最

为漫长的经济衰退，陷入了长达15年的萧条和低迷。日本这次房地产泡沫被喻为“第二次世界大战后日本的又一次战败”，20世纪90年代更是被比喻为日本“失去的十年”。

第三次：东南亚、中国香港地区，1997年东南亚金融危机，房地产泡沫破灭

泰国、马来西亚、印度尼西亚等东南亚国家和地区的房地产泡沫破灭。以泰国为例，20世纪80年代中期，泰国政府采取一系列刺激房地产发展的政策，把房地产作为优先投资的领域，带来了房地产市场的繁荣。大量开发商和投机者纷纷涌入房地产市场，加上极度宽松的银行信贷政策，促成了房地产泡沫。此时，大量外国资本也进入东南亚其他国家的房地产市场进行投机性活动，房地产泡沫迅速膨胀扩大，1997年伴随东南亚金融危机的爆发，泰国等东南亚国家的房地产泡沫也彻底破灭。

东南亚金融危机还直接导致了中国香港地区房地产泡沫的破灭。香港的房地产热最早可以追溯到20世纪70年代。当时，投资房地产领域成为资金的首选，随着香港地区十大房地产公司先后公开上市，来自境外的资金蜂拥而入，香港的房价和地价疯狂上涨。到1981年，中国香港已成为仅次于日本的全世界房价最高的地区。据有关统计数据，从1984年到1997年，香港房价年平均增长超过20%。中环、尖沙咀等中心区域每平方米房价高达十几万港元，一些黄金地段的写字楼甚至达到每平方米近20万港元的天价。受房价飞涨的刺激，香港的房地产投机迅速盛行起来，出现了一大批近乎疯狂的“炒楼族”。当时的香港，人们盲目地投资房地产。为了抓住机遇，许多人往往仅凭地产经纪人电话中的描述，就草草决定购买豪宅。1996年，香港地区竟出现买房前必须先花150万港元买一个号。

就在香港的房地产泡沫达到顶峰时，东南亚金融危机降临了。1998—2004年，香港楼价大幅下跌，据有关估算，从1997年到2002年的5年时间里，香港地区房地产和股市总市值共损失约8万亿港元，多于同期香港的生产总值。而对于普通香港市民而言，房地产泡沫的破灭更是不堪回首。在这场泡沫中，香港平均每位业主损失267万港元，有十多万人由百万“富翁”一夜之间变成了百万“负翁”。

第四次：2007年美国次贷危机导致的全球金融危机

2001年，由于IT泡沫的破灭，再加上“9·11”恐怖袭击事件的发生，美

国经济面临衰退的危险。美联储为了减少这些事件对美国的经济冲击，防止美国经济衰退而采取完全宽松的货币政策，实施低利率政策，来刺激经济增长，低利率政策极大地刺激了美国房地产业的发展，房地产成为当时经济发展的主要拉动力量。特别是在2001—2004这4年时间里，受益于低利率政策，美国人买房的热情不断高涨，次级抵押贷款成了大量信用等级不高的购房者的首要选择。一些贷款机构推出"零首付"和"零文件"的贷款方式，来吸引客户，贷款人仅凭其收入情况证明而无须提供任何有关偿还能力的证明就能轻松获得贷款购房。在这样的背景下，确实极大地活跃和繁荣了房地产市场，房地产市场的发展繁荣，拉动美国经济从IT泡沫中走了出来，居功至伟，但这也为后来的次贷危机爆发布下了导火索。

再就是，自2001年到2005年，美国全国平均房价翻了一番。而同期美国人平均收入水平并没有太大的变化。自2005年到2006年，为了抑制房地产过热，美联储17次加息。在节节攀升的利率面前，美国房地产终于开始逐步降温，一些地方的房价出现下降的趋势。但是，在次级抵押贷款市场上，购房者的热情还在继续。次级抵押贷款占美国全部房贷的比例从2001年的不足5%跃升到2006年的20%。后来随着房地产市场的持续降温，对于次贷等抵押贷款、按揭购房者，已无力偿还贷款，纷纷违约。美国房利美和房地美陷入困境，次贷危机蔓延到各大投行，雷曼兄弟倒闭，最后由美国次贷危机演变为全球金融危机。

（二）日本土地价格情况回顾

战后，日本土地市场持续升温，土地价格不断上涨，从20世纪50年代开始到90年代初，日本商业用地、住宅用地、工业用地三类地价指数和全国平均地价指数一直不断上扬，特别是在80年代末期，土地价格疯涨，达到了顶峰。以六大都市圈为例，其1985年的商业、住宅、工业地价指数分别为128.9、83.2和77.7，而到1991年则分别达到了519.4、223.4和203.6。但是，"土地必定升值"的神话从90年代初开始彻底被退下神坛，1991年房地产危机导致的房地产泡沫破灭，从此，土地市场一路走低。结合图3－6、图3－7和历史背景进行分析，可将战后日本地价发展分成几个明显的阶段：第一阶段：50年代中后期到60年代中期的第一次高涨；第二阶段：60年代中后期到70年代中前期的第二次高涨；第三阶段：70年代中后期到80年代初期的平稳期;第四阶段:80 年代中后期到 90 年代初期的第三次高涨;第五阶段:90 年代初期至今以来的持续下降。从图中,尤为明显的是,90 年代初达到日本土地神话顶峰后,土地市场突然急剧齐下,商业用地表现得最为突出。在 2000 年之前,商业用地价格指数一直高于住宅用地、工业用地和全国平均土地价格指数,在 2000 年之后,住宅用地价格指数超过了其他两类用地价格指数,并且这种趋势一直维持至今未能改变。

据统计数据显示,目前日本全国的地价水平近似于 70 年代中后期的水平,2010 年 3 季度与地产泡沫破灭时的最高点 1991 年相比,日本全国平均地价、商业地价、住宅地价、工业地价分别相当于 1991 年的 38.87%、25.01%、52.58%和 47.63%。目前日本六大都市圈地价水平近似于 70 年代末 80 年代初的地价水平。2010 年三季度,六大都市圈平均地价、商业地价、住宅地价和工业地价分别为地产最高点 1991 年各类对应地价的 24.39%、14.02%、34.42%和 28.34%。另外,结合日本 1955—2008 年 GDP 增长率数据,地产泡沫破灭的 1991 年后,日本陷入了长期的经济衰退,甚至负增长。日本地产泡沫破灭已经过去 20 年,但是它对日本经济,包括不动产、实体经济、证券市场都产生了深远的影响,日本经济至今还处于低迷状态之中,房地产泡沫同时也重创了日本的金融业。

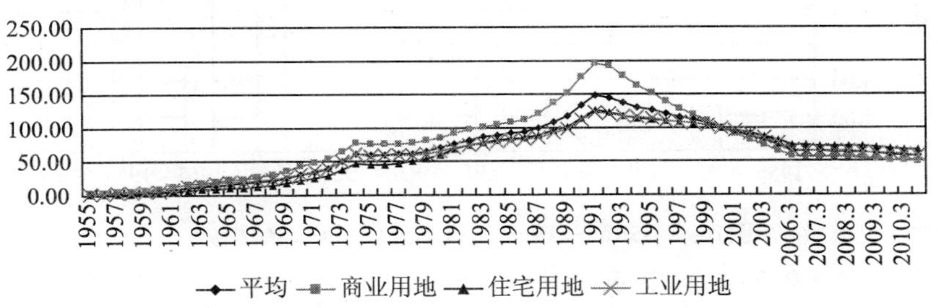

图 3-6 1955—2010 年日本全国土地价格指数

数据来源:日本统计局、日本不动产研究所

(三)日本土地价格变化趋势分析

第一阶段(昭和 30 年,即 1955—1965 年),经过战后数年的恢复期后,日本迎来了战后第一个经济高速成长期,在这一背景下,土地价格也进入了第一次高涨期。如图 3-8 所示,日本全国平均土地价格指数从 1955 年的

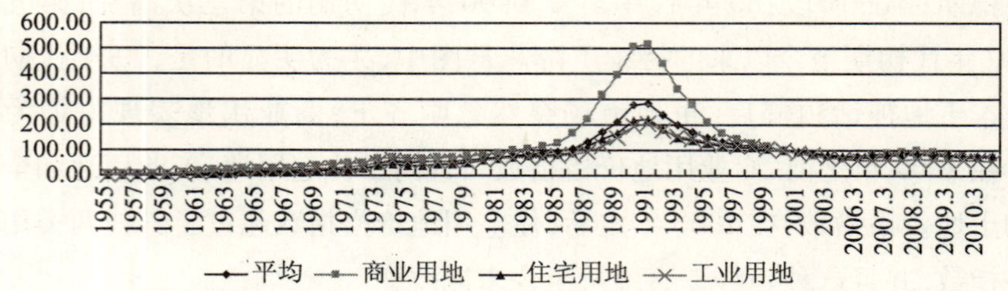

图 3－7　1955—2010 年日本六大都市圈土地价格指数

数据来源：日本统计局、日本不动产研究所

2.17 上升到 1965 年的 16.8，涨幅为 674%；六大都市圈平均地价指数从 1955 年的 1.66 上涨到 1965 年的 17.9，涨幅达到 978%；1955—1965 年，六大都市圈中各类用地价格指数分别为：工业用地从 1.36 上升到 20.6；住宅用地从 1.06 上升到 11；商业用地从 4.08 上升 28.4。从数据显示来看，价格涨幅最大的是工业用地，其次是住宅用地，商业用地涨幅最小。

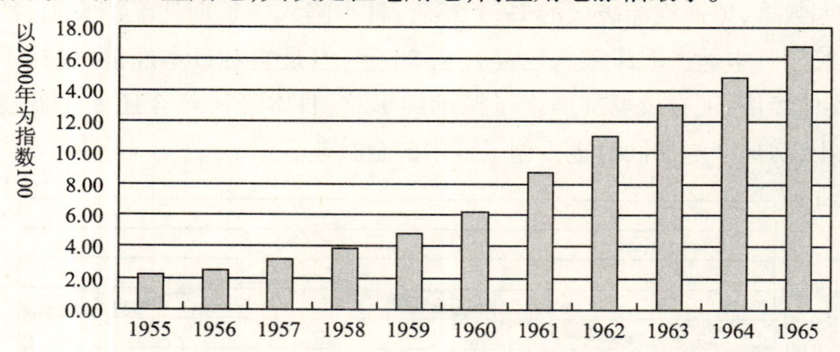

图 3－8　1955—1965 年日本全国平均地价指数

数据来源：日本统计局、日本不动产研究所

第二阶段（1966—1974），日本经济走出了 1964—1965 年的“结构性萧条”。这一阶段，投资旺盛，重化工业发展迅速，经济高速增长的背景下，各类用地需求大幅增加，房地产市场进入快速增长期，房价和地价不断上升，日本进入了第二次地价高涨期，如图 3－9 所示，这一阶段的日本全国平均市街地价指数从 1966 年的 17.7 上升到 1974 年的 61.6；六大都市圈平均地价指数则从 1966 年的 18.2 上升到 1974 年的 57。

第三阶段（1975—1978）：受 1973 年爆发的石油危机影响，国际油价疯狂上涨数倍，导致日本国内经济的趋紧，进而导致日本地价处于相对平稳。从地价指数来看，不管是全国，还是六大都市圈（图 3－9、图 3－10），这一阶段的平均地价指数变动较小，全国平均地价指数保持在 60 左右，六大都市圈的平均地价指数则维持在 54 左右。

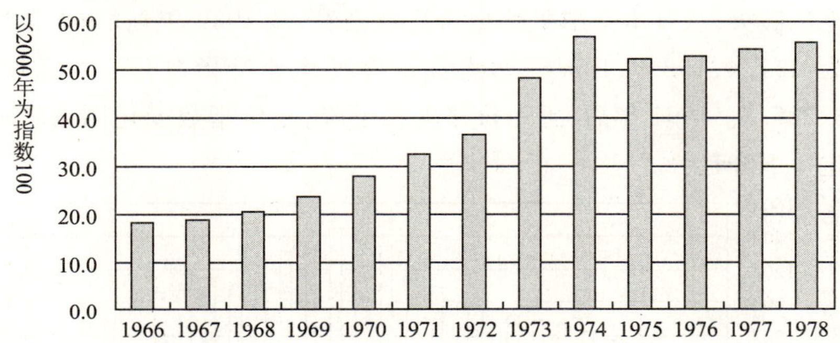

图 3－9　1966—1978 年日本六大都市圈平均地价指数

数据来源：日本统计局、日本不动产研究所

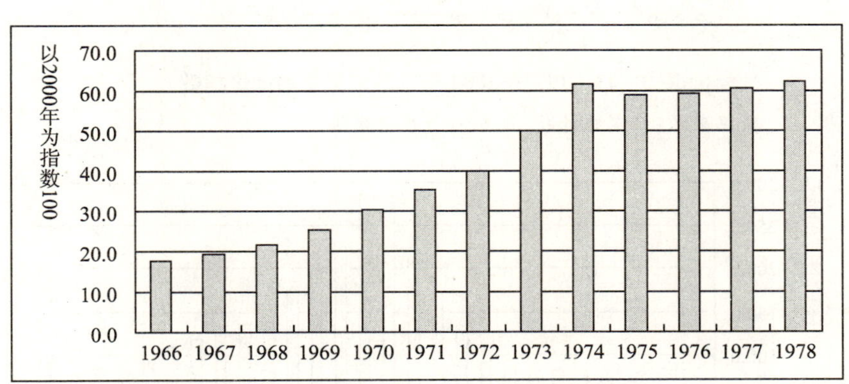

图 3－10　1966—1978 年日本全国平均地价指数

数据来源：日本统计局、日本不动产研究所

第四阶段：20 世纪 70 年代，日本推行极度宽松的货币金融政策，土地抵押贷款增长迅速。随着 1985 年“广场协议”的签订，日元迅速升值导致出口产业开始萧条，为避免经济衰退，日本政府实施了较为激进的扩张性财政政策以及更宽松的货币政策，大量资金在实体经济缺乏投资机会和土地神话的刺激下涌向房地产，楼价地价进入疯狂上涨阶段，泡沫迅速膨胀。

根据日本不动产研究所数据，日本全国市街地价平均指数从 1985 年的 91.5 上升到 1989 年的 117.4，而 1977 年这一指数为 60.7，指数涨幅达到 93.4%。1989 年年底，日本对经济实施“电击疗法”，对商业银行施压，要求其停止对房地产企业及股票投机者贷款，这一系列举措最后刺破了房地产泡沫。1990 年年初，日本股市和日本地价开始下跌。1991 年，日本房地产泡沫破灭，从日本全国平均地价指数来看，从 1989 年到 1991 年指数分别为：117.4、133.9、147.8；六大都市圈平均地价指数分别为：212.8、276.8、285.3。1991 年后，土地价格大幅下降，地价指数变化图清晰地反映了这一下降趋势。

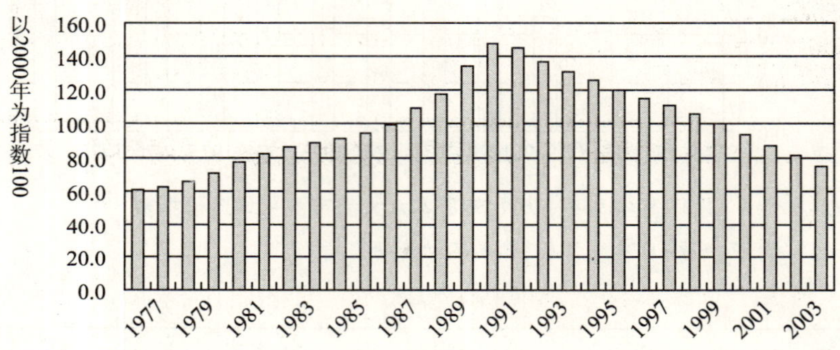

图 3-11　1977—2004 年日本全国平均地价指数

数据来源：日本统计局、日本不动产研究所

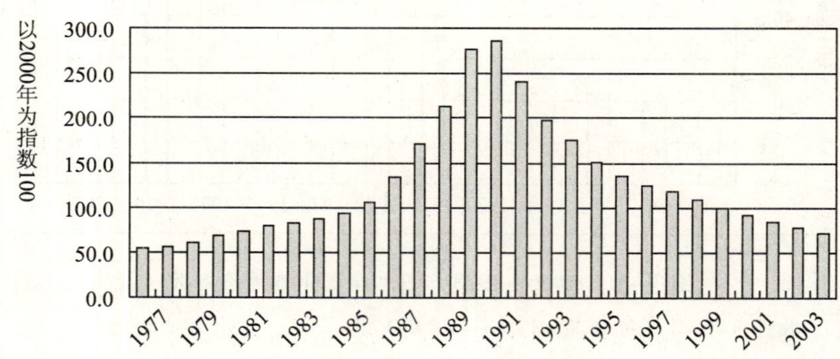

图 3-12　1977—2004 年日本六大都市圈平均地价指数

数据来源：日本统计局、日本不动产研究所

第五阶段（1991 年—至今），日本进入了地价长期下降期，房地产泡沫破灭后，日本经济也从 1991 年开始陷入长期萧条，1991 年、1992 年和 1993 年日本国内生产总值的实际增长率也呈锐减之势，分别为 3.8%、1.0% 和

0.3%。1991年后日本地价持续下跌，如图3－13所示，日本全国平均地价指数从1991年的147.8下降到2006年一季度的65.7，之后地价相对进入缓慢平稳下降期，2010年3季度的地价指数与70年代中期相当。

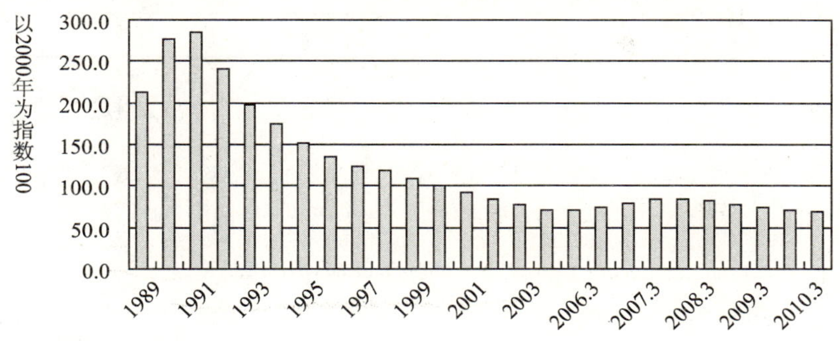

图3－13　1989—2010年日本六大都市圈平均地价指数

数据来源：日本统计局、日本不动产研究所

（四）中日土地市场发展情况对比分析

据日本国土厅公布的调查统计数据，1985年，东京都的商业用地价格指数为120.1（1980年为100），但到1988年就暴涨到334.2，短短的三年间暴涨了近两倍，日本经济从此埋下了十多年未能了结的祸根。1990年，仅东京都的地价就相当于美国全国的土地价格，造成了世界上空前的房地产泡沫。有趣的是，以2010年北京土地出让收入情况估算，整个北京的土地市值达到了130万亿元，远超过2010年美国全年GDP总量（估算为95万亿元左右）。

中国真正的房地产改革取得关键性突破的是1998年，从1998年至今走过的13年，中国土地市场突飞猛进，地价在2006—2007年、2009—2010年近乎疯狂地在上涨，目前中国正处在工业化、城市化的加速发展阶段，2001年到2010年平均GDP增长率为9.78%。

总体而言，如图3－15所示，中国近10年综合地价增长率低于GDP增长率，但是2007年综合地价增长率超过了GDP增长率；另外，在地价疯涨的2006—2007年、2009—2010的四年里，伴随着的是GDP高增长率；与日本地价高涨时期的高GDP增长率现象是一致的（图3－14）。

对比1955—2010年日本各类地价变化情况，无论是日本全国，还是六大

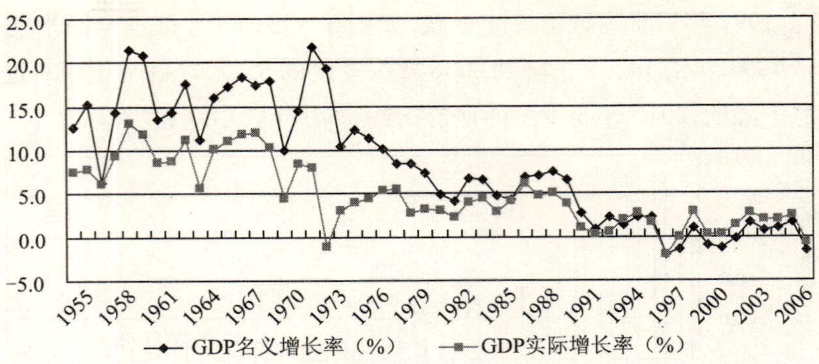

图 3－14　1955—2008 年日本 GDP 增长率

数据来源：日本统计局

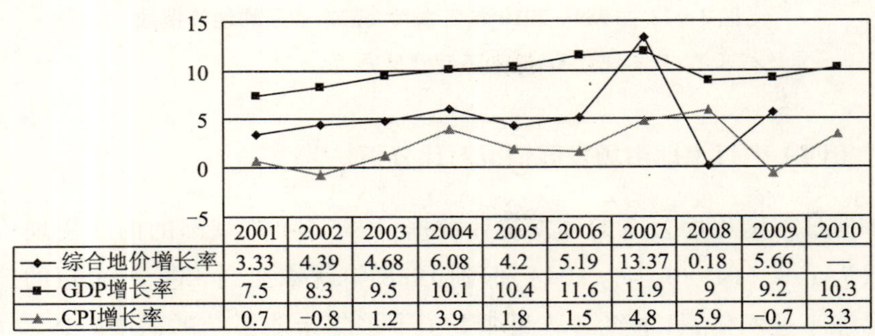

	2001	2002	2003	2004	2005	2006	2007	2008	2009	2010
综合地价增长率	3.33	4.39	4.68	6.08	4.2	5.19	13.37	0.18	5.66	—
GDP增长率	7.5	8.3	9.5	10.1	10.4	11.6	11.9	9	9.2	10.3
CPI增长率	0.7	−0.8	1.2	3.9	1.8	1.5	4.8	5.9	−0.7	3.3

图 3－15　2001—2010 年中国 GDP 增长率、地价增长率

数据来源：统计年鉴、国土资源部全国城市地价动态监测系统数据

都市圈，日本各类用地中，工业用地价格远高于住宅用地和商业用地价格，而中国住宅用地价格远高于商业用地和工业用地价格。

不容回避的事实是，房地产作为支柱产业，房地产的快速发展，对当时的经济发展确实起了一定的拉动作用，但是过分地依赖房地产市场，任其泡沫膨胀，最后泡沫终归会破灭。从国际上几次房地产泡沫破灭的深刻历史教训来看，房地产泡沫破灭导致日本经济停滞十年之久，被人称为“失去的十年”。1997 年的东南亚经济危机，2008 年美国次贷危机导致的房地产危机，2010 年爱尔兰、西班牙债务危机的背后，都有房地产泡沫的影子。

（执笔人：蒋钦云）

参考资料：

1. 许隽隽(2010). 楼市前车之鉴:美国、日本房地产泡沫危机回顾. 融资中国

2. 张永旋(1998). 战后日本土地价格的变化特点及其成因分析[J]世界地理研究. 第7卷第1期

| 第四章 |

我国能源资源价格变化现状、影响分析及应对策略研究

中国经济发展到今天,支撑过去30年经济高速增长的能源资源低价格环境正在发生着不可逆转的变化。能源资源方面,中国水资源、矿产资源等已严重短缺,水价、矿价上升不可避免;随着工业化、城市化进程的加快,电力、石油、燃气等能源需求也必然提高,价格必然上浮。能源资源价格上升有着微观和宏观双重意义,有着国内和国际两层影响。能源资源价格上升,对于企业的利润、竞争力、投资行为和区域分布将产生重大影响;另外,能源资源价格上升,对于我国在国际上的比较优势可能产生较大影响,从而改变我国在国际分工格局中的地位。

本文分六个部分,一是铁矿石价格变化趋势分析及影响分析;二是煤炭价格变化趋势及影响价格上涨的因素分析;三是石油价格变化趋势分析,其中包括国际油价回顾、国内油价变动情况,以及油价上涨的影响分析;四是我国水资源现状、价格变化情况及影响分析;五是电价改革及变化趋势分析;六是能源资源价格上升的应对措施建议。

一、铁矿石价格变化趋势分析

铁矿石作为冶炼钢铁的基础原料,其重要性不言而喻,但是我国铁矿石储量不高,铁矿石储量占世界总量的比例不足9%,人均拥有量低的问题更为突出。随着我国经济持续快速发展,国内对钢铁的需求不断增长,特别是

在主要用钢行业迅速发展的强劲驱动力作用下，钢铁产量不断增长，其背后是对铁矿石的需求不断增长，虽然我国加大了铁矿石勘探、开采的力度，国内铁矿石产量在不断提高，但仍然不能满足我国钢铁生产的需要，从而使得进口铁矿石数量不断提高，铁矿石价格不断上升。

（一）铁矿石价格历史回顾及发展趋势

1. 我国铁矿石高度依赖进口

我国是全球铁矿石的最大买家，2003 年就已成为世界最大的铁矿石进口国，如图 4－1 所示，2010 年进口量与 1992 年相比增长了 25 倍，2010 年进口量达到 6. 186 亿吨。如图 4－1 所示，1992—2010 年的 19 年里，中国铁矿石进口量只在 1998 年和 2010 年同比出现下降，2010 年中国进口铁矿石 6. 186 亿吨，相比 2009 年的 6. 276 亿吨减少 899 万吨，下降幅度为 1. 4%。这也是继 1998 年后，中国铁矿石进口量再次出现同比下降。另外，需要强调的是，2008 年中国铁矿石进口量为 4. 4366 亿吨，就已占全球海运铁矿石的比重 52% 左右。总体而言，2000 年以来，我国铁矿石需求大幅增加，但是国内供给无法满足需求，钢铁企业需要大量进口铁矿石，导致我国铁矿石对外依存度高，铁矿石高度依赖进口来满足国内钢铁行业的需要。

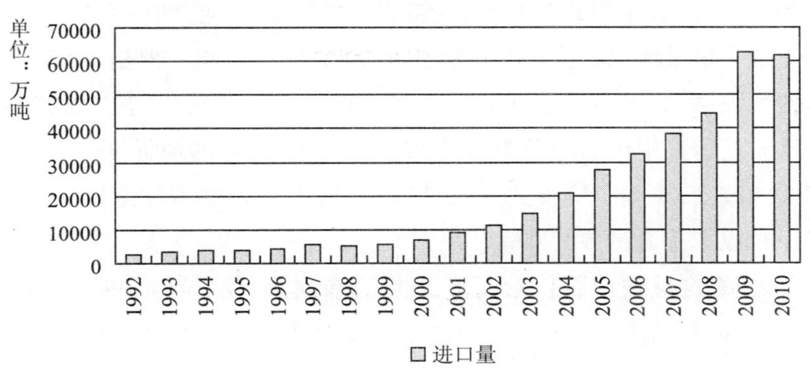

图 4－1　1992—2010 年中国铁矿石进口量

数据来源：笔者根据历次公布数据整理

2. 铁矿石价格逐年上涨

中国进口铁矿石价格年年上涨，其中，2005 年，日本日新铁和力拓达成首发价格，中国表示跟随，其中粉矿和块矿价格均上涨 71. 5%；2006 年，宝钢和必和必拓达成首发价格，其中粉矿和块矿价格均上涨19%；2007年，宝钢和淡水河谷达成首发价格，其中粉矿和块矿价格均上涨9.5%；2008年，日本日新铁、韩国浦项和巴西淡水河谷达成首发价格，中国表示跟随，其中粉矿上涨65%，块矿上涨71%。但因力拓对此谈判结果不认可，宝钢随后重新与力拓确定长协价格，长协价格"无条件跟随"模式被打破，最后2008年粉矿价格上涨79.88%、块矿价格上涨96.5%；2009年，日新铁和力拓达成首发价格，其中粉矿降幅33%，块矿降幅44%，对此中方表示不跟随，并且在8月和FMG达成协议价格，其中粉矿降幅35.02%，块矿降幅50.42%，但三大矿山并不认同该价格，该年度铁矿石谈判未有结果。但是，我们知道2008年铁矿石价格已经创造了当时的历史最高价。

2010年全球铁矿石定价体系发生改变，执行了40年之久的年度基准定价体系被季度定价模式所替代，甚至后来出现月度定价。定价体系改变，伴随出现的是铁矿石价格急剧上涨，2010年铁矿石价格不管是涨幅还是单价都达到了历史新高，在2010年3月，淡水河谷铁矿石谈判向日本提价90%；2010年6月，中国钢企接到涨价通知，三季度矿价涨至147美元/吨；2010年8月，巴西淡水河谷公司将10月铁矿石售价下调10%，由每吨150美元下调至每吨135美元。

2011年初，铁矿石现货价格就突破了190美元/吨，铁矿石现货交易价的历史最高记录为205美元/吨，那是在2008年上半年。但是2008年全球海运费暴涨，最高记录超过100美元/吨，几乎占了矿价的一半。而2011年，巴西铁矿石运抵中国的海运费不足30美元/吨。这样的现货价位意味着，定价模式的改变，季度定价模式下，铁矿石价格上涨力度和随意性更大，钢铁企业原料成本压力将持续升高。

总之，在全球铁矿石供给高度垄断的局面下，受铁矿石供求关系的影响，对于铁矿石高度依赖进口的中国来说，虽然是需求方，但中国钢企在谈判时没有任何发言权，只能被迫接受三大矿山公司给出的价格。再加上定价体系的根本改变，原来的年度定价被季度定价和月度定价所取代。因此，在钢铁需求旺盛的中国工业化和城镇化加速发展阶段，铁矿石受制于人的局面在短时间无法改变，铁矿石价格上涨和波动将更加剧烈，价格将还会走高。另外，由于国际资源价格的持续上涨，加上中国、韩国和日本等国大量需求的驱动下，增强了国际铁矿石价格上涨的后劲。

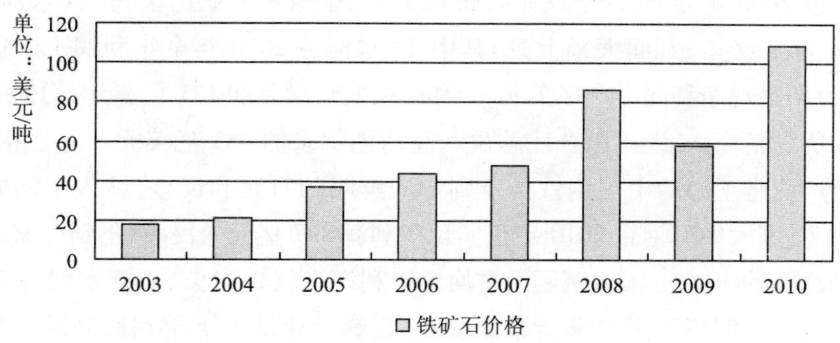

图 4－2 2003—2010 年铁矿石价格

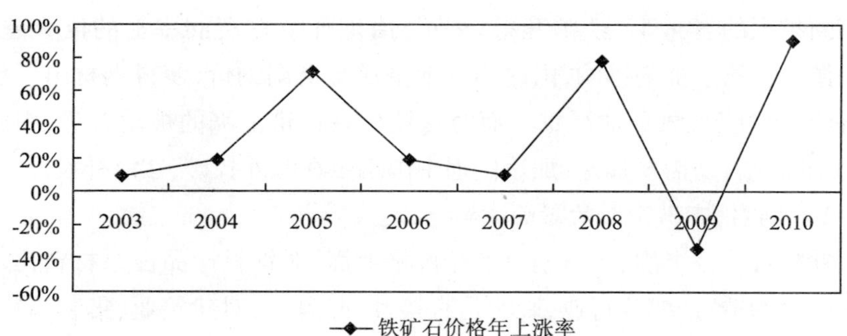

图 4－3 2003—2010 年铁矿石价格年涨幅

（二）铁矿石价格上涨对我国钢铁等相关行业的影响分析

1. 国内钢铁行业成本压力增大

铁矿石价格上涨，受影响首当其冲的是钢铁行业，近十年来，国内钢铁产量持续高位增长，对进口铁矿石依存度相应提高；2003 年，中国已成为世界最大的铁矿石进口国，随后，铁矿石进口量逐年增加，只在 2010 年出现下降。在高度依赖进口的情况下，铁矿石价格的大幅上涨，自然会带来钢铁企业的成本攀升；特别是对于中小型钢铁企业影响更大，由于中小钢铁企业不管是在资金、生产规模，还是在工艺、技术等方面，都无法像大型钢铁企业一样可通过高端产品将铁矿石价格上涨的成本转移到产品价格中，进而将成本因素转移到下游企业。对于生产低端产品的国内中小型钢铁企业，提价空间有限，往往只能被动承担铁矿石价格上涨的成本损失。

以2000年为例，由于铁矿石价格上涨，全球三大矿山公司（淡水河谷、力拓、必和必拓）利润大幅上升，其中，淡水河谷2010年全年利润173亿美元，力拓实现净利润143亿美元，必和必拓实现净利润171亿美元，均创下各自的历史新高，三大矿山合计总盈利高达创纪录的487亿美元。与之相比，处于产业链下游的中国钢铁行业则形成鲜明的对比和反差，纳入中钢协统计的77家大中型钢企2010年仅实现净利润897亿元人民币，不到三家矿山盈利总额的30%。国内钢厂的平均销售利润率仅2.91%，而淡水河谷2010年的经营利润率为47.9%。数据显示，钢铁产业链上下游利润分配已严重失衡，铁矿石原料价格上涨，挤压和吞吸了下游的钢铁行业巨大的利润空间，对中国钢铁行业经营造成了巨大的影响，这也同时反映出在中国钢铁产能不断扩大的背景下，铁矿开采环节与冶炼环节在利润率上的巨大差异。受铁矿石价格上涨的影响，国内不少钢企逆势上调钢价，使得钢材出厂价和销售价“倒挂”现象更加严重。面对在铁矿石价格上涨的被动态势，中国钢企的国际化行动需要加速，加速倒逼中国钢企在海外找矿，在海外设厂。

2. 对钢铁下游企业的影响

铁矿石价格上涨，导致钢材产品价格上涨，对钢材产品占原材料比重较高的机械制造、造船等行业，影响是直接性的；另外，对建筑业、集装箱行业、家电业等高耗钢铁的行业，无疑加大了产品成本，成本压力相应会转嫁或部分转嫁到产品价格中去。譬如，由于钢材价格上涨，建筑业成本上升将会抬高房屋建筑价格；同样，对于集装箱、家电行业，由于制造成本的上升，往往带动相应商品出厂价，甚至影响和带来物价上涨的压力。铁矿石价格的飙升，不但使钢铁企业成本骤增，也给下游企业带来不同程度的冲击。

二、煤炭价格变化趋势分析

（一）我国煤炭资源的特点

中国是世界煤炭资源大国，也是煤炭生产、消费大国。我国煤炭资源总量为5.6万亿吨，其中已探明储量为1万亿吨，占世界总储量的11%。中国是一个典型的“富煤、贫油、少气”的国家，能源消费以煤炭为主，而世界能源消费以石油为主，基于我国能源资源状况和煤炭在能源生产及消费结构中的比例,我国能源资源的基本特点决定了煤炭在一次能源中的重要地位,以煤炭为主体的能源结构在相当长的一段时间内不会改变。

从煤炭平衡表数据显示,1990 我国煤炭消费 105523 万吨,2008 年煤炭消费量则已高达 281095.9 万吨,是 1990 年的 2.66 倍;煤炭进口量从 1990 年的 200.3 万吨,增加到 2008 年的 4034.1 万吨。2010 年,中国煤炭进口保持快速增长,出口继续下降。据海关统计,全年进口煤炭 16483 万吨,同比增长 30.99%;出口煤炭 1903 万吨,下降 15.03%;净进口煤炭 14580 万吨,较上年增加 4237 万吨,同比增长 40.96%。

表 4-1 煤炭平衡表 (单位:万吨)

项 目	1990	1995	2000	2005	2008
可供量	102221.1	133461.7	136794.5	226941.0	275061.1
生产量	107988.3	136073.1	138418.5	234951.8	280200.0
进口量	200.3	163.5	217.9	2617.1	4034.1
出口量(-)	1729.0	2861.7	5506.5	7172.4	4543.4
年初年末库存差额	-4238.5	86.8	3664.7	-3455.4	-4629.6
消费量	105523.0	137676.5	141091.7	231851.1	281095.9

数据来源:中国统计年鉴

从进口情况看,我国是全球最大的煤炭生产国,2009 年受国际金融危机和政府调控减少出口的影响,我国首次成为煤炭净进口国,2009 年全年净进口煤炭 1.03 亿吨。据统计数据显示,2009 年,中国能源消费总量为 30 亿吨标准煤(1 吨原煤 = 0.714 吨标准煤),化石能源占到 91%。其中,煤炭占 68.7%(约 29 亿吨原煤),石油占 18%,天然气占 3.4%;非化石能源,即可再生能源消费比重仅为 9.9%。近年来煤炭进口呈现数量逐年增加、品种逐步优化、来源日趋广泛等特点。2010 年,全年各月煤炭进口均保持在 1100 万吨以上,12 月份达到 1734 万吨,再创新高。目前,印尼成为中国最大的煤炭进口国,澳大利亚、越南、蒙古和俄罗斯紧随其后,上述五国进口煤炭占全部进口量的 84%。

根据国家碳减排目标,到 2015 年,中国需要的一次能源消费量将达到 42 亿吨标准煤。其中,水电、风电、核电、生物质能分别可提供 2.6 亿吨、0.57 亿吨、0.68 亿吨、0.2 亿吨的标准煤,石油天然气则能提供 2 亿吨标准煤。这样，非煤炭的能源共能提供5.14亿吨标准煤的能源供应能力，其余的还有26.8亿吨标准煤的能源供应需要煤炭提供，折合成原煤量约为38亿吨。2020年单位GDP（国内生产总值）能耗比2005年下降40%～45%、非化石能源占一次能源的比重达到15%的碳减排目标，2020年煤炭消费量应该控制在45亿吨标准煤（约63亿吨原煤）。

（二）我国煤炭价格历史回顾及趋势分析

煤炭作为中国的主要能源，从1978年至今（图4-4），原煤在我国能源消费结构中的比例一直处于70%左右，今后长期一段时间，中国能源消费结构以煤炭为主的格局不会改变，煤炭对国民经济的持续稳定发展至关重要。但是长期以来，正是由于煤炭在国民经济的特殊性，煤炭价格受到长期计划体制的影响，随着国家逐步对煤炭市场，特别是电煤价格放开，煤炭价格近年来变化剧烈，煤炭供需双方在价格协商谈判中争执不下，特别是近两年矛盾更为尖锐，使煤炭供应的稳定受到影响。

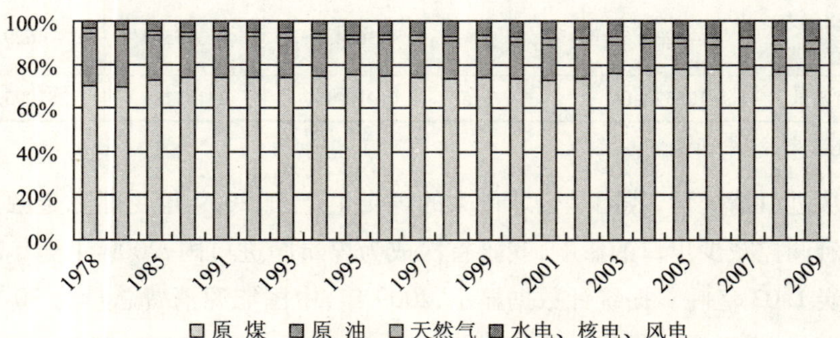

图4-4　1978—2009年中国能源构成

数据来源：中国统计年鉴

1994—1997年，煤炭价格经历了4年的上涨期，特别是1996年，中国煤炭市场供求吃紧，价格一路上涨，因此煤炭企业纷纷扩大产能，原煤产量达到13亿多吨。到了1997年下半年，煤炭市场供求关系发生逆转，煤炭价格急剧下滑，导致1998—2000年经历了3年的下跌和相对低迷期。随着2002年煤炭价格全面放开以来，市场的供求影响着煤炭价格的走势，譬如2004年由于煤炭供应偏紧，煤炭价格快速上涨。

根据国家统计局的统计数据,总体来看,煤炭产品出厂价格在1998—2000年呈下降趋势,我国煤炭价格从2001年到2005年3月总体呈持续上涨趋势,其中2001年、2002年和2003年分别上涨6.5%、11.6%和7%,2002年价格恢复到1997年的水平,2003年比1997年上涨14.25%。在2003年煤炭价格上涨的基础上,2004年我国煤炭价格上涨约25%,而2004年国际煤炭价格比2003年上涨50%,澳大利亚出口动力煤价格最高上涨70%。

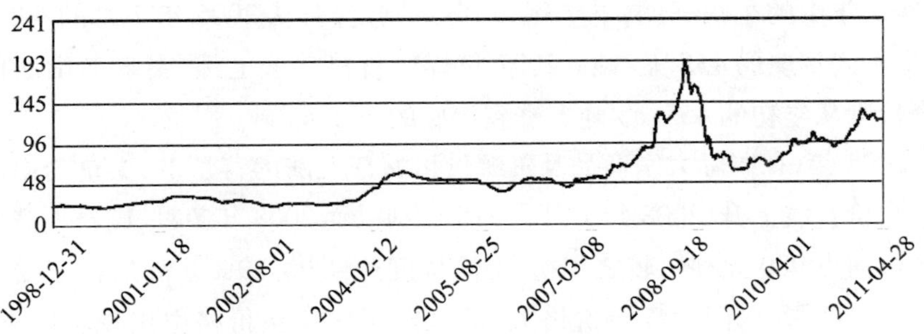

图4-5 澳大利亚BJ动力煤价格(美元/吨)

数据来源:中国煤炭资源网

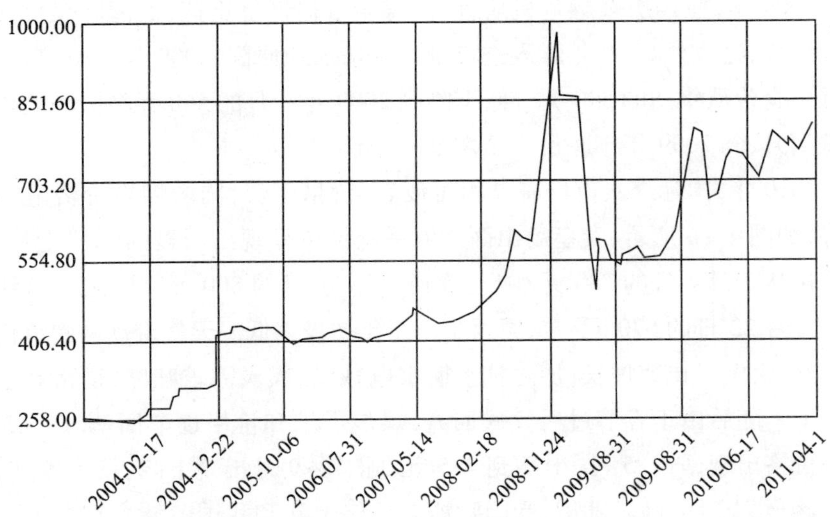

图4-6 山西优混平仓价(单位:元/吨)

数据来源:凤凰网财经数据库

以秦皇岛山西优混平仓价为例分析，2003 年 4 月为 260 元/吨，而到 2003 年年底上涨到 271 元/吨。2004 年从年初的 280 元/吨，上涨到年底的 423 元/吨，上涨 51%。2005 年，在经历了前几年的煤炭价格直线上升后，2005 年，在煤炭资源整合的背景下，我国煤炭价格呈现波动上升的趋势。2005 年的国际煤炭价格比 2004 年上涨约 50%。

2006 年，由于大力关闭整顿小煤矿、煤炭资源整合后，煤炭生产集中度提高，在 2006 年上半年，秦皇岛山西优混平仓价维持在 420 元/吨的水平波动，经历年中的小幅下调，下半年，价格急剧走高，从 2006 年 7 月的 405 元/吨，上涨到年底的 455 元/吨。2007 年煤炭价格普遍上涨，秦皇岛山西优混平仓价则从年初的 455 元/吨上涨到年底的 508 元/吨。

2008 年，在国际大宗商品及资源价格疯狂上涨的背景下，秦皇岛山西优混平仓价直线上升，2008 年 1 月为 515 元/吨，而 2008 年 7 月，则已上涨到历史的最高点 980 元/吨，较之年初，上涨幅度达到 90.29%。随后由于受全球金融危机的影响，国际煤炭价格大幅降低，国内煤炭价格也出现相应下降，秦皇岛山西优混平仓价从 7 月到 10 月维持在 860 元/吨，之后直线下降到年底的 580 元/吨，相比之于最高点 980 元/吨，降幅达到 68.97%。

2009 年，在经历金融危机后，国内煤炭价格恢复迅速，而国际煤价恢复速度缓慢，这也是 2009 年煤炭进口量大幅增加的原因，2009 年，秦皇岛山西优混平仓价从年初的 590 元/吨，下降到 2009 年 6 月的 560 元/吨，随后价格止跌回升，到 2009 年年底价格已恢复上涨到 730 元/吨。

2010 年，国际煤炭市场需求相对疲软、价格走低，国内煤炭价格呈“W”趋势，如图 4－6 所示，秦皇岛山西优混平仓价也呈现出明显的“W”走势，年初价格从 1 月 4 日的 780 元/吨上涨到 1 月 11 日的 800 元/吨，之后直线下跌到 3 月 22 日的 670 元/吨，原因是由于年初极端低温天气带动取暖负荷大幅上升、火电量快速增长，加之枯水期水电减发，煤炭需求旺盛，价格处于较高水平。随后由于春节过后气候回升，煤炭需求和价格逐渐回落。4～5 月煤炭价格出现回升，5 月，上涨到 755 元/吨，7～9 月出现下降，第三季度，价格回落至 710 元/吨。随后，受国际能源价格上涨和我国冬储煤在即等因素影响，国内煤炭价格快速上涨，11 月底达到 800 元/吨，恢复至年初水平。

2011 年，在年初煤炭价格出现短暂小幅度下降之后，3～5 月价格又继续走高，秦皇岛山西优混平仓价，从 3 月初的 760 元/吨上涨到 5 月的 810 元/

吨,两个月上涨了 6.58%。

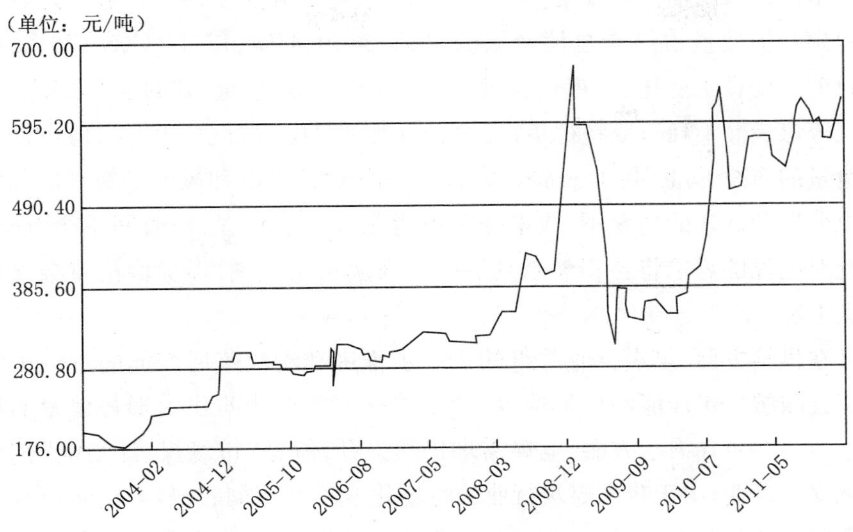

图 4-7 普通混煤-平仓价

数据来源:凤凰网财经数据库

总之,1994—1997 年,我国煤炭价格经历了 4 年的上涨,1998—2000 年又经历了 3 年的下跌和持续低迷。2002 年全面放开煤炭价格以来,煤炭生产在市场的引导下逐步推进,自 2003 年以来,中国煤炭价格持续上涨,秦皇岛山西优混平仓价从 2003 年的 260 元/吨,上涨到 2011 年 5 月的 810 元/吨,涨幅达到 211.5%;秦皇岛大同优混平仓价从 2003 年 1 季度的 273/吨,上涨到2011 年5 月的850 元/吨,涨幅达 211.35%。秦皇岛普通混煤平仓价从 2003 年的最低 176 元/吨,上涨到 2011 年 5 月的 630 元/吨,涨幅达到 258%。

(三)影响煤炭价格因素及煤炭价格发展趋势分析

由于煤炭作为我国第一能源,长期占总能源消耗的 70% 左右,煤炭作为我国的基础能源在短时间不会改变,因此,煤炭供求及其价格直接影响到我国国民经济的持续稳定运行。总的来说,我国煤炭价格的走势主要受供求关系、煤炭市场化改革力度、煤炭运力、可替代能源价格以及国际煤炭市场价格等方面的影响,从中长期来看,煤炭价格可能还将会继续上涨。

1. 供求关系

中国的煤炭消费主要集中于电力、冶金、建材和化工四个行业。这四个行业煤炭消费量占煤炭总消费量的49.10%、9.87%、13.14%、6.77%。我国目前正处在工业化、城市化快速发展阶段，电力、冶金、建材、热力和炼焦制气等煤炭高消耗行业将稳步快速发展，尤其是电力行业，火电目前占据总发电量的70%以上，再加上水电受季节性影响大，核电和风电等新兴能源没有充分发展起来的情况下，火电作为电力领头羊的位置，短时间不会改变，因此对电煤的需求将会仍然强劲。一旦煤炭供给吃紧，煤炭价格将会出现波动上涨。

在供给方面，煤炭企业重组的进一步推进和淘汰落后产能的进一步实施将会减缓煤炭产能的增加速度。“十二五”初期，煤炭供给形势偏紧的局面依然存在。在需求方面，电煤需求仍然强劲，但是“市场煤、计划电”依然困扰煤炭行业，由于我国煤炭行业的市场化改革并不彻底，目前煤炭行业实际上实行的是“双轨制”，一部分煤炭走市场的途径销售，而另外一部分煤炭则是以合同煤的形式销售。合同煤虽然也是由煤电企业双方协商确定，但是合同煤的价格却大大低于市场煤价格，往往出现电煤惜售现象，只有“煤电之争”的问题得到彻底有效解决，电煤的供应及供应质量才能得到保障。

2. 成本因素

煤炭的主要成本是煤炭生产和煤炭运输，现阶段我国煤炭的生产成本占到最后消费价格的20%左右，中间环节的费用和成本居高不下。另外，运输对煤炭价格的影响，也是影响煤炭市场的主要因素之一，我国煤炭资源分布不均，以及目前我国运输能力的制约，对煤炭价格造成了直接的影响。另外，由于近几年煤炭事故频发，国家下大力气对煤矿进行整改、整合，加大安全投入力度、加强安全作业力度等都会对煤炭成本造成一定冲击。

3. 国际煤炭价格及其他可替代性能源资源价格的影响

目前，我国国内煤炭市场价格和国际市场煤炭价格还未完全接轨，但是随着进一步开放市场，国际市场煤炭价格对国内市场的影响将日益加剧。由于受国际煤炭价格的影响，我国2009年煤炭净进口大幅增加，主要原因就是因为国际市场煤炭价格相对国内煤炭价格回升缓慢，国内价格相对高于国际市场价格。因此，如果国际煤炭市场价格持续走高，在国内供给不足的情况下，国内煤炭价格势必加速上涨。另外一点就是，其他可替代性能源资源价格的变动也会影响到煤炭价格的走势，我们知道，我国能源以煤炭消费为主，但是世界能源以石油、天然气消费为主，如果石油、天然气等其他能源价格走高，将引起煤炭价格的需求增加，自然会刺激煤炭价格上涨。

三、石油价格变化趋势分析

（一）国际油价回顾

20 世纪 70 年代以前，国际石油价格相对稳定在低位状态，1945 年只有 1. 05 美元/桶，1970 年为 1. 80 美元/桶，25 年间仅上涨 70% 左右，这一阶段被称为"廉价石油"时期。随后，国际原油价格出现较快的增长，1971 年上涨到 2. 18 美元/桶，1972 年达到 2. 90 美元/桶。1971—2000 年的 30 年里，有 23 年油价低于 50 美元/桶。其中，1986—2000 年的 15 年里，除了 1990 年最高达到 41 美元外，其他的 14 年都低于 40 美元/桶。受战争等其他因素的影响，全球先后经历了三次石油危机导致油价急剧上涨，一个显著的特点是，每次油价上涨周期相对比较短，周期在 2 ~4 年。

第一次石油危机（1973—1974）：受阿以冲突影响，国际市场上的石油价格从每桶 12 美元涨到 53 美元，上涨了 4 倍多；

第二次石油危机（1979—1980）：伊朗爆发革命以及随后的两伊战争，导致石油日产量锐减，国际石油市场价格骤升，每桶价格从 46 美元涨到 90 美元；

第三次石油危机（1990）：海湾战争导致油价一路飞涨，从 1989 年全年平均每桶 20 美元左右，到 1990 年 10 月最高达到 41. 07 美元/桶，价格翻了一倍。

1990 年后，世界石油价格进入了一个相对平稳期，但是在 2001 年美国发生的"9. 11"事件后，美国布什政府在"反恐"的旗号下，对阿富汗实施了军事打击。紧接着在 2003 年，美、英又对伊拉克进行军事打击，的海湾地区再次陷入混乱，石油安全的问题再次出现，伊拉克战争之后，石油价格开始不断攀升：2003 年美国纽约期货交易所原油价格达到平均每桶 31. 1 美元，2004 年涨到每桶 41. 4 美元，2005 年 8 月达到 71 美元/桶，2008 年 7 月更是达到了 145. 31 美元/桶。由于全球金融危机的蔓延，2008 年 7 月 14 日之后，国际石油价格开始下降，从 7 月最高 145.16 美元/桶，下降到 2008 年 12 月 31 日的 44.6 美元/桶，短短的 5 个月，石油价格下降了 2/3。在各国采取宽松的货币政策和积极的财政政策的背景下，刺激经济，以加快经济复苏，2009 年世界石油价格缓慢上升，从 2009 年年初的 46 美元/桶，上涨到 2009 年年末的 79 美元/桶。

2010 年的前 9 个月，世界石油价格总体在 90 美元/桶和 70 美元/桶之间进行波动，大部分时间处于 75 美元/桶的水平，但是 9 月之后，则站稳在 80 美元/桶以上。2011 年 12 月 31 日达到 91.38 美元/桶。2011 年 2 月中旬。国际石油价格开始上扬，特别是利比亚局势的恶化。北非的动荡局势，促使世界原油价格一路走高，达到近两年半以来的新高，如图 4－8 所示，2011 年 4 月 8 日达到 112.27 美元/桶。

局部地区的动荡，石油减产，再加上世界石油求大于供的状况，极有可能会导致世界石油价格在未来长期内保持较高水平。

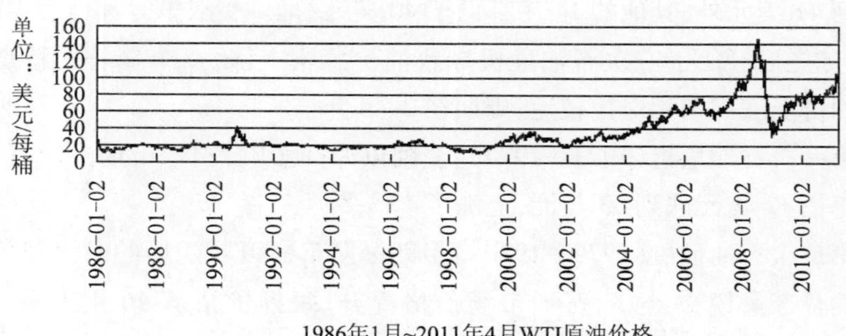

图 4－8　1986—2011 年 WTI 原油价格

数据来源：EIA、THOMSON REUTERS

（二）国内油价变动情况

国际油价的变动，相应影响和带动了国内油价的波动上涨，我们通过跟踪分析 1998—2011 年北京市 93#汽油历次调价情况（表 4－2），以及 2003 年以来历次成品油价格调整情况（表 4－3），可以看出，增长的趋势非常明显。

表 4－2　1998—2011 年北京市 93#汽油价格变动情况

序号	调价日期	价格（元/升）	变动（元）	变动幅度（%）
01	1998－06－01	2.32	—	—
02	1999－11－05	2.38	0.06	2.59
03	2000－02－20	2.47	0.09	3.78
04	2000－05－05	2.67	0.20	8.10
05	2000－06－05	2.92	0.25	9.36
06	2000－07－14	3.06	0.14	4.79
07	2000－08－17	3.19	0.13	4.25
08	2000－09－19	3.28	0.09	2.82
09	2000－10－20	3.13	－0.15	－4.57
10	2000－11－17	3.08	－0.05	－1.60
11	2000－12－20	3.06	－0.02	－0.65
12	2001－01－13	2.96	－0.10	－3.27
13	2001－02－05	2.82	－0.14	－4.73
14	2001－03－06	3.00	0.18	6.38
15	2001－04－08	3.02	0.02	0.67
16	2001－05－14	3.10	0.08	2.65
17	2001－06－05	3.24	0.14	4.52
18	2001－07－04	2.80	－0.44	－13.58
19	2001－08－12	2.61	－0.19	－6.79
20	2001－10－17	2.91	0.30	11.49
21	2001－11－24	2.40	－0.51	－17.53
22	2002－03－04	2.50	0.10	4.17
23	2002－04－04	2.73	0.23	9.20
24	2002－05－04	2.94	0.21	7.69
25	2002－10－01	3.12	0.18	6.12
26	2003－02－01	3.29	0.17	5.45
27	2003－05－10	3.03	－0.26	－7.90
28	2003－07－01	3.02	－0.01	－0.33
29	2003－12－06	3.20	0.18	5.96
30	2004－03－31	3.46	0.26	8.12
31	2004－08－25	3.66	0.20	5.78
32	2005－03－23	3.92	0.26	7.10
33	2005－05－23	3.79	－0.13	－3.32
34	2005－06－25	3.96	0.17	4.49

续表

序号	调价日期	价格(元/升)	变动(元)	变动幅度(%)
35	2005-07-23	4.26	0.30	7.58
36	2006-03-26	4.65	0.39	9.15
37	2006-05-24	5.09	0.44	9.46
38	2007-01-14	4.90	-0.19	-3.73
39	2007-11-01	5.34	0.44	8.98
40	2008-06-20	6.20	0.86	16.1
41	2008-10-07	6.37	0.17	2.74
42	2008-12-19	5.44	-0.93	-8.54
43	2009-01-15	5.33	-0.11	-2.02
44	2009-03-25	5.56	0.23	4.32
45	2009-06-01	5.89	0.33	5.94
46	2009-06-30	6.37	0.48	8.15
47	2009-07-29	6.19	-0.18	-2.83
48	2009-09-02	6.43	0.24	3.88
49	2009-09-30	6.28	-0.15	-2.33
50	2009-11-10	6.66	0.38	6.05
51	2010-04-14	6.92	0.26	3.90
52	2010-06-01	6.74	-0.18	-6.92
53	2010-10-26	6.92	0.18	2.67
54	2010-12-22	7.17	0.25	3.61
55	2011-02-20	7.45	0.28	3.91
56	2011-04-07	7.85	0.40	5.37

数据来源:笔者根据历次公布数据整理

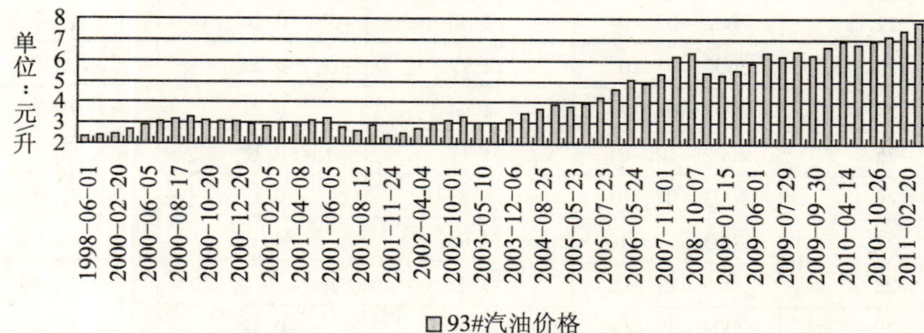

图 4-9　1998—2011 年北京市 93#汽油价格变动趋势

数据来源:笔者根据历次公布数据整理

1998—2011 年北京 93#汽油价格数据显示,从 1998 年 6 月 1 日的 2.32 元/升上升到 2011 年 4 月 7 日的 7.85 元/升,涨幅达到 2.4 倍。特别是受国际原油价格的影响,2008 年国际原油价格一路走高,2008 年 1 月国际原油价格突破了100美元/桶;3月突破110美元/桶;5月突破了130美元/桶,6月6日,纽约油价一度达到创纪录的139.12美元/桶;7月突破了140美元/桶。因此,这一阶段国内油价同样相应调整,以北京93#汽油为例,2008年6月2日达到6.2元/升,相对于2007年11月1日的5.34元/升,价格上涨了16.1%,是增幅最大的区间。伴随着全球金融危机的爆发,同样受国际原油价格的影响,中国油价相应出现回落;但是,2009年6月,北京93#汽油价格又恢复到2008年金融危机全面爆发时的最高价格水平,随后出现轻微波动,但总体趋势仍然是在震荡中上扬。

表4-3 2003年以来历次成品油价格调整情况

调价时间	成品油调价情况
2011-04-07	汽、柴油价格每吨分别上调500元和400元
2011-02-20	汽、柴油价格每吨均上调350元
2010-12-22	汽、柴油价格每吨分别上调310元和300元
2010-10-26	汽、柴油价格每吨分别上调230元和220元
2010-06-01	汽、柴油价格每吨分别下调230元和220元
2010-04-14	汽、柴油价格每吨均上调320元
2009-11-09	汽、柴油价格每吨均上调480元
2009-09-01	汽、柴油价格每吨均上调300元
2009-07-28	汽、柴油价格每吨均下调220元
2009-06-30	汽、柴油价格每吨均上调600元
2009-06-01	汽、柴油价格每吨均上调400元
2009-03-25	汽、柴油价格每吨分别上调290元和180元
2009-01-14	汽油出厂价每吨下调140元;柴油出厂价每吨下调160元
2008-12-19	汽油出厂价每吨下调900元;柴油出厂价每吨均下调1100元;航空煤油出厂价每吨下调2400元
2008-06-20	汽、柴油价格每吨均上调1000元;航空煤油价格每吨上调1500元
2007-10-31	汽油出厂价每吨上调500元;柴油出厂价每吨上调500元;航空煤油出厂价每吨上调500元
2007-01-14	汽油出厂价每吨下调220元;航空煤油出厂价每吨下调90元
2006-05-24	汽、柴、航空煤油价格每吨上调500元

续表

调价时间	成品油调价情况
2006-03-26	汽油出厂价每吨上调300元；柴油出厂价每吨上调200元；航空煤油出厂价每吨上调300元
2005-07-23	汽油出厂价每吨上调300元；柴油出厂价每吨上调250元；航空煤油出厂价每吨上调300元
2005-06-25	汽油出厂价每吨上调200元；柴油出厂价每吨上调150元；航空煤油出厂价每吨上调300元
2005-05-23	汽油出厂价每吨下调150元
2005-05-10	柴油出厂价每吨上调150元
2005-03-23	汽油出厂价每吨上调300元
2004-08-25	汽油价格每吨上调240元；柴油价格每吨上调220元
2004-05-19	柴油价格每吨上调280元
2004-03-31	汽油价格每吨上调300元
2003-12-08	汽、柴油价格每吨分别上调200元和180元
2003-07-01	汽油价格每吨上调90元
2003-05-12	汽、柴油价格每吨分别下调290元和260元
2003-02-11	汽、柴油价格每吨分别上调190元和170元

数据来源：笔者根据历次公布数据整理

（三）油价上涨的影响分析

中国是一个“富煤、贫油、少气”的国家，石油资源相对短缺，特别是30多年改革开放，经济快速发展，在整个能源消耗结构中，石油资源短缺的问题日益突出，从1990年到2008年中国石油平衡表数据显示，1990年我国石油进口量为755.6万吨，而到2008年石油进口量已经达到2945.7万吨；同时，石油消费量也从1990年的11485.6万吨上升到2008年的37302.9万吨。

2003年国际油价持续走高，我国的原油进口量也大幅攀升。2003年全年进口原油8000万吨，2004年原油进口1.2亿吨，2007年进口量更是增长至1.5亿吨，2009年进口量首次突破2亿吨，达到2.04亿吨，石油对外依存度已多年超过50%。从石油平衡表数据显示，2008年石油进口23015.5万吨，相比2005年的进口量增长了19.8%。

据海关总署的统计数据显示,2008 年中国石油(包括原油、成品油、液化石油气和其他石油产品)净进口量达 20067 万吨,同比增长 9.5%,而 2007 年,相应的数据为 18328 万吨。2009 年,中国累计进口原油 2.04 亿吨,年度进口规模首次突破 2 亿吨,比 2008 年增长 13.9%。2010 年,中国全年原油生产量首次突破 2 亿吨,同比增长 6.9%,是近年来的最高增速。但是,2010 年全年原油进口量达到 2.4 亿吨,原油的对外依存度已接近 54%。

表 4-4 中国石油平衡表 (单位:万吨)

项 目	1990	1995	2000	2005	2008
可供量	11435.0	16072.7	22631.8	32539.1	37318.8
生产量	13830.6	15005.0	16300.0	18135.3	19044.0
进口量	755.6	3673.2	9748.5	17163.2	23015.5
出口量(-)	3110.4	2454.5	2172.1	2888.1	2945.7
年初年末库存差额	-40.8	-151.0	-1244.6	128.8	-1795.0
消费量	11485.6	16064.9	22495.9	32537.7	37302.9

数据来源:中国统计年鉴

由于中国对国际石油需求比较大,石油价格上涨将使石油开采、石油加工与炼焦业等石化上中游行业以及其他互补性能源产品,如煤炭、天然气、电力等行业受益,但是国际油价的持续高位,将对我国石化下游产业带来负面影响。石化、化工、化纤行业成本压力会加大,效益可能下滑。油价波动除影响本行业的利润走向外,还对其他相关行业产生重要的影响,只是因为各工业行业的主要原材料距原油之远近不同,在相互间的关联性上、影响程度上存在差异。

从进口方面来看,油价高,石油进口越多,外汇支出越大;从出口方面来看,石油价格越高,下游产品生产成本增加,出口产品竞争力下降,出口受到很大影响。从交通运输来看,石油价格越高,成品油价格上升,运输成本增加,推动生产资料及消费品价格走高。

中国经济增速快,对原油需求量巨大,是世界上第二大石油消耗国,仅次于美国,但却没有国际石油贸易定价权,难以转嫁成本,中国将是高油价最大的承受者。高油价将进一步挤压企业的利润。

油价上升对我国石油下游产业的发展带来的负面影响早已有所显现,

如石油加工企业；燃料油价格的上涨，使运输企业成本增加，盈利水平大幅下降。以航空业为例，油价上升使得航空业遭受沉重的成本压力，由于燃油费用是航空业中仅次于人员费用的第二大费用支出。航空公司的燃料支出占其运营成本的10%~20%，当油价走高时，这一比例将高达30%或40%，由于国内外石油价格上涨，国内航空公司相继调整燃油附加费。随着国际油价持续走高，2011年4月7日，国内汽、柴油价格每吨分别上调500元和400元，国内航油出厂价再次上调，相应地，国内各大航空公司相继提高燃油附加费，新标准达到：800公里（含）以下航线每位旅客收取燃油附加费由50元上调至60元，上涨20%；800公里以上航线每位旅客收取燃油附加费由90元上调至110元，上涨22.2%。

四、水资源价格变化趋势分析

（一）我国水资源的特点

中国是一个水资源短缺的国家，淡水资源总量占全球水资源的6%，但人均淡水资源仅为世界平均水平的1/4、美国的1/5，是全球13个人均水资源最贫乏的国家之一。另外，水资源时空分布不均，南方水资源多，北方少；沿海水资源多，而内陆，特别是西部水少。近年来，我国连续遭受严重旱灾的困扰，旱灾影响范围、持续时间和损失程度都在扩大。目前全国600多座城市中，有400多座城市缺水，其中100多座城市严重缺水，日缺水1600万吨，其中全国1/6的主要城市严重缺水，北京、天津等大城市的供水已非常严峻。与此同时，由于人口的增长，城市缺水更加严重，人均水资源短缺的问题更加突出。总体而言，水资源量呈下降趋势，水资源相对短缺。

从全国人均水平来看，2000年全国人均水资源量为2193.9立方米，到2009年，人均水资源量下降到1816.2立方米，人均减少377立方米；从总量来看，全国水资源总量从2000年的27700.8亿立方米，下降到2009年的24180.2亿立方米，总量减少3520亿立方米。另外地表水资源和地下水资源量总体都呈下降趋势。水资源量下降，而水资源需求增加的双向作用，导致水资源短缺的问题更加突出，形势非常严峻。

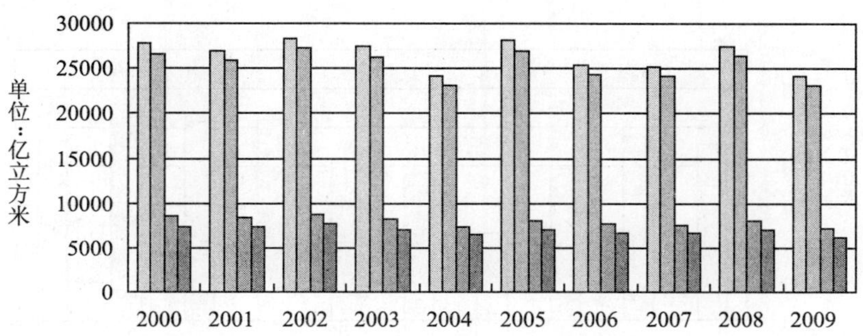

图 4-10　2000—2009 年全国水资源情况

数据来源：中国统计年鉴

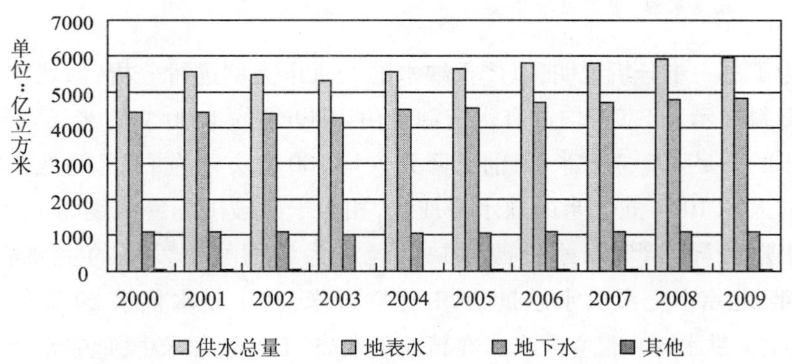

图 4-11　2000—2009 年全国供水量情况

数据来源：中国统计年鉴

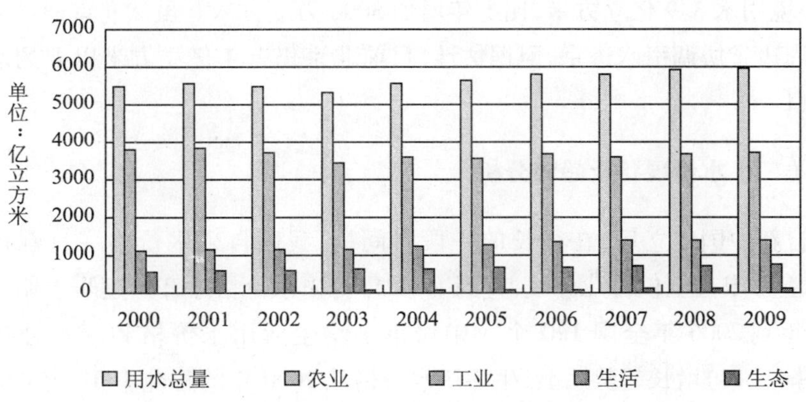

图 4-12　2000—2009 年全国用水量情况

数据来源：中国统计年鉴

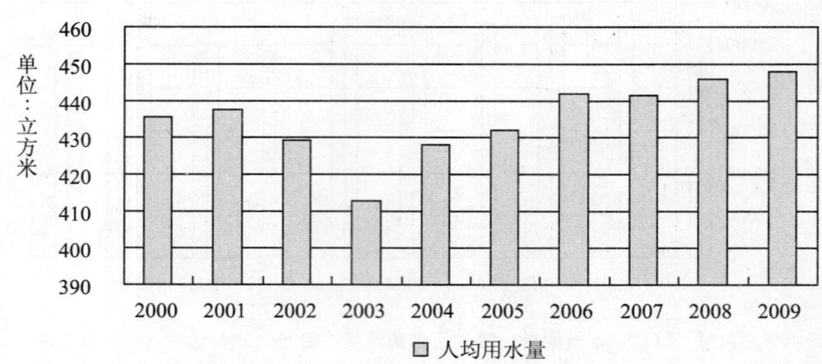

图 4－13　2000—2009 年全国人均用水量

数据来源：中国统计年鉴

为了进一步分析说明，以严重缺水的北京市为例进行分析，据北京市水务局资料显示，北京人均占有水资源量由 1949 年的 1000 立方米下降到 20 世纪末的不足 300 立方米，目前下降到人均 100 立方米左右，已远低于国际公认的人均 1000 立方米的缺水警戒线，相当于已破国际警戒线的 1/10，北京缺水形势异常严峻，水资源紧缺已经成为制约城市发展的主要瓶颈。2008 年，北京市全市供水总量 35.1 亿立方米，其中新水供水 29.1 亿立方米，再生水供水 6.0 亿立方米。在新水供水 29.1 亿立方米中，地表水供水仅占 6.2 亿立方米，而地下水供水高达 22.9 亿立方米。2010 年，北京市总用水量 35.7 亿立方米，其中生活用水 15 亿立方米，比上年增加 3000 万立方米；环境用水 3.9 亿立方米，比上年增加 3000 万立方米。虽然北京通过从河北等周边省协调引水进京，但据估计，目前北京仍有 4 亿立方米以上的水资源缺口。

（二）水价现状及趋势分析

自新中国成立后，在很长的一段时间里，我国自来水价格一直都很低廉，1 立方米甚至仅售几分钱，直到 1991 年自来水价格才开始逐步上调。从 2000 年到 2006 年全国 120 个大中城市平均生活用水价格和污水处理费（如图 4－14）增长趋势明显，生活用水价格从 2000 年的每吨 1.01 元上涨到 2006 年的 1.57 元，上涨了 55%；污水处理费从 2000 年的每吨 0.27 元上涨到 2006 年的 0.64 元，上涨了 137%。到 2011 年，全国居民生活污水处理费排前十名的10个城市其平均处理费达到1.135元/吨。全国居民生活用水排前十名的10个城市(包括港澳),其生活用水平均价格为2.9105元/吨。另外,工业用水及污水处理费用、特种行业用水价格上涨的力度更大,目前总体而言,水价在稳步上涨,水价上涨乃大势所趋。

表4-5 2007—2011年四大直辖市水价

城市	年份	自来水单价(不含污水处理费)(元/吨)					污水处理费(元/吨)				
		居民生活	工业	行政事业	经营服务	特种行业	居民生活	工业	行政事业	经营服务	特种行业
北京	2007	2.8	4.1	3.9	4.6	40	0.9	1.5	1.5	1.5	1.5
	2011	2.96	4.44	4.12	4.66	60	1.04	1.77	1.68	1.55	1.68
上海	2007	1.63	2	2	2	10.6	1.3	1.7	1.7	1.7	1.7
	2011	1.63	2	2	2	10.6	1.3	1.7	1.7	1.7	1.7
天津	2007	2.6	5.6	5.6	5.6	20	0.8	1.2	0.8	1.2	1.2
	2011	3.5	6.3	6.3	6.3	20.7	0.9	1.2	1.2	1.2	1.2
重庆	2007	2.1	2.35	2.1	3.1	3.1	0.7	1	0.7	1	1
	2011	2.7	3.25	2.7	3.25	3.25	1	1.3	1	1.3	1.3

数据来源:中国水网

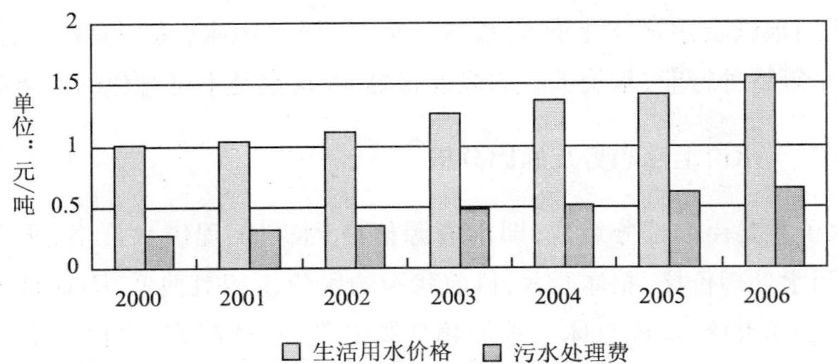

图4-14 2000—2006年全国120个大中城市水价

数据来源:中国水网

北京作为严重缺水的城市,以北京市为例,1991年北京市自来水价格首次上调,每立方米的水价由0.12元上调到0.30元。此后进行了多次调整,2003年1月20日,北京市再次上调水价,由每立方米2.00元调整到2.30元,同时,居民使用1立方米的自来水征收0.60元的排污费,水资源费也由0.30元上涨到0.60元。2004年8月1日,北京市又实施了14年内第9次调价,2005 年北京综合水价已经达到了 5 元/吨的水平。

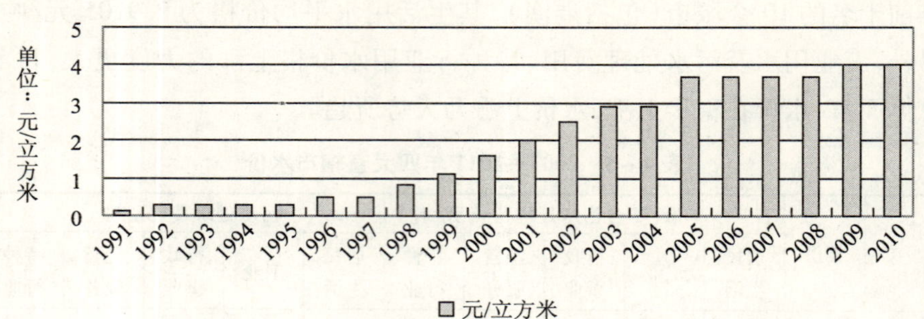

图 4-15　1991—2010 年北京市居民用水价格

数据来源:北京市统计年鉴

如图 4-15 所示,从 1991 年 8 月至北京市的自来水价格最近一次调整 2009 年 12 月,从原来的每吨 0.12 元上涨到 2.96 元,再加上污水处理费用 1.04 元,居民每吨用水的实际支出费用为 4 元,价格是 1991 年的 33.33 倍。虽然价格上涨了 32.33 倍,但是目前水价还不足以反映水资源的稀缺程度,这不仅仅是反映北京存在的问题,这一问题在全国同样存在。另外,出于鼓励节约用水以及水成本上升的紧逼趋势,非居民用水,特别是高耗水的洗浴、洗车等特种行业,水价上涨的幅度将更大,这也是不可避免的趋势。

（三）水价上涨趋势及原因分析

水价主要由四部分组成,即水资源价格、水利工程供水价格、城市供水价格、污水处理价格,总体而言,目前我国的水价还相对偏低,不管是否采取累进式阶梯水价,水价总体上涨的趋势是必然,具体而言,水价上涨有以下几个方面的原因:

1. 水资源短缺,供求之间的突出矛盾导致价格上涨

中国水资源总量为 2.8 万亿立方米,根据国际上评估的标准估计,中国水资源的可利用量大约为 10000 亿~11000 亿立方米,1997 年,我国年总用水量达到了 5623 亿立方米。按照 21 世纪中叶中国达到中等发达国家水平的战略目标,初步估计,我国未来水需求量将达到 7500 亿~8000 亿立方米,在现有基础上再增加 1500 亿~2200 亿立方米的供水能力。鉴于区域发展的不平衡,可开发的水资源不仅受到区域性的限制,而且可开发利用的水资

源的难度也越来越大。再加上人口增长,水资源短缺将更加严重,供需矛盾将会更加突出。

另外,值得一提的是,中国缺水具有三个显著特点,一是时间性缺水,即季节性雨水不均而导致一年当中不同时间的缺水情况不同;二是地区性缺水,即由于雨水的地区性分布不均而导致不同地区的缺水;三是水质性缺水,即由于污染等其他原因导致水质下降,优质可采用水日益紧缺。

因此,通过水价的调节、调整,以便建立和完善以合理配置水资源、提高水资源利用率为核心的水价形成机制,充分发挥价格杠杆来配置水资源、调节用水需求和水污染防治,就显得至关重要。水价上涨是合理调节水资源,特别是优质水资源的一大重要举措。

2. 供水成本、污水处理费用增加,导致水价上涨

目前中国正处于城镇化、工业化加速发展的阶段,工业用水和城市居民用水大量增加,经济发展与水资源短缺的矛盾不断加剧。经济所处的发展阶段的趋势,对供水基础设施建设带来了严重的要求和挑战。特别是基于目前废污水的处理和回收利用偏低的现状,随着工业化和城镇化的加速发展,工业用水、城市居民用水,以及导致的废污水排放量将会成倍地增加,势必进一步加剧水环境的恶化。因此,将面临解决水资源短缺、废污水处理、水环境治理的三大挑战。虽然,近年来,我国污水处理力度逐年加大,污水处理的标准也逐年提高,污水处理的投入和成本也在提高,因此,需要适当调整污水处理费征收的力度,提高综合水价,以确保污水处理投入正常运行。

另外,中国30多年改革开放,取得经济高速发展成果的同时,也付出了巨大的环境代价,导致的结果是大量水源被污染,水源合格率在下降,据不完全统计,目前水源合格率不到70%。特别值得一提的是,2007年,国家将水质标准由原来的35项提高到106项,计划2012年推行执行,与国际接轨,要达到这样的标准,必须在污水处理设施、设备上加大投入,在技术创新、基础设施更新等方面有所突破,自然带来成本上升的压力。随着水务市场改革的深入,成本推动必将导致水价上涨。污水处理费用的征收和上涨,可以将这笔费用用于提高污水处理能力、再生水生产能力和污泥无害化处理水平。

3. 通过价格杠杆，倡导节约用水

根据国外一些资料分析，只有水费占家庭收入的2%以上时，居民才会关心用水量，达到2.5%时，居民会重视并注意节水。据统计数据显示，2006年，全国35个大中城市的水费支出仅占可支配收入的1%，相当于国外平均水平的一半。目前北京居民水价负担占收入的1%左右，而全世界的水价负担的比例是3%。因此，通过调节水价，水价适当上涨，对于鼓励节约用水，在一定程度上对于倡导节约用水有一定的促进作用。

总之，综合上述三个方面，无论是推行累进式阶梯水价与否，在水资源短缺的情况下，水价上涨趋势在所难免，水价上涨导致居民、工业企业、商业等行业的成本负担增加将不可避免，特别是对一些高耗水的行业，成本负担将更为明显。

（四）水价上涨的影响分析

根据目前的水价上涨趋势，水务市场化还将继续深入，目前的水价相对偏低，只能保证行业资本微利甚至亏损，所以，未来水价将上涨的趋势不会改变。

水价上涨对居民生活的影响是直接的，特别是对低收入家庭而言，影响更大，当然推行阶梯式水价，一定程度上对低收入家庭影响相对要小，这也是国际上的通行做法。

水价上涨对工业企业的影响最大，特别是高耗水行业，水价上涨，高耗水行业中的石化、电力、钢铁、石油、纺织、造纸、啤酒等7个行业都将面临水价上涨的压力，增加企业的成本。对于洗浴业中的洗车、洗衣、温泉洗浴等高耗水行业，水价上涨导致的成本压力是最大的，因为用水支出是这类行业经营的最主要成本，再加上在水价调整中对高耗水的洗浴行业涨幅一般也是最大的，同时这些行业成本向消费者转嫁又比较有限，自然导致其经营压力加大，导致其经营困难，甚至关停倒闭。

以北京市为例，工业用水从2007年的5.6元/吨上涨到目前的6.21元/吨（包括污水处理费），每吨上涨了0.61元，经测算，对冶金、化工、电力等大工业增加成本在0.05%～0.2%。

五、电价变化趋势分析

（一）电力价格改革及历史回顾

过去20多年，我国的电价改革先后经历了还本付息电价、燃运加价、经营期电价、标杆电价、竞价上网、煤电联动等政策。20多年前，中国的电价大约为每度0.13元，这主要与政府对电力、煤炭严格控制有关。此后，对电价开始执行8年的“煤运加价”，电价平均以每年2分钱的价格增加。总体而言，中国电价上涨势头在20世纪80年代就已开始，进入新世纪之后，中国电价调价频率加快，煤价、电价轮番上涨。下面具体从“九五”期开始进行回顾分析。

1.“九五”期

“九五”期间，国家在电力价格政策方面进行了如下几项调整：一是取消2分钱电建基金，并入销售电价内，用于农网改造还本付息；二是对供配电贴费减半征收，贴费收入用作城市电网建设与改造工程项目资本金；三是取消电表和电费保证金，预收金额如数退还用户；四是对部分高耗能企业给予电价优惠。据统计，全国共取消各种乱加价、乱收费金额约360亿元，取消买用电权、超计划用电加价金额约40亿元，共计400亿元，相当于每千瓦时电价下降5分钱。农村电力用户经过电价整顿，加上农网改造后线损降低，实际负担电费下降了约0.10元以上。“九五”期间的最后一年，即2000年，各类电价水平大致为：

（1）上网电价水平：2000年，全国平均上网电价水平约为每千瓦时0.282元。其中：1985年以前建成的电网直属电厂没有独立的上网电价，与电网的内部结算价平均约为每千瓦时0.20元；1985年以后建成的独立核算电厂上网电价平均约为每千瓦时0.32元（其中1997年核批的电厂上网电价平均约为每千瓦时0.41元，1999—2000年核定的电厂上网电价平均约为每千瓦时0.36元）。

（2）销售电价水平：2000年，全国平均销售电价（不含基金、附加及农村电网维护费）约为每千瓦时0.405元。国家电力公司系统（不含广东、内蒙古、西藏、海南电网，下同）平均销售电价约为每千瓦时0.376元。电价水平较高的地区有广东、海南、上海、浙江，销售电价分别为每千瓦时0.63元、0.55元、0.52元、0.48元。电价水平较低的地区有贵州、青海、宁夏、甘肃，销售电价分别为每千瓦时0.251元、0.255元、0.268元、0.275元。

（3）分类价格水平：2000年，国家电力公司系统用户分类电价水平每千瓦时分别为：居民生活0.379元、非居民照明0.50元、商业0.67元、非普工业0.43元、大工业0.372元、农业生产0.329元、贫困县农业排灌0.146元、趸售用电0.328元。

2.“十五”期

“十五”期间，国家在电力价格改革方面推行了如下几项关键措施：

一是全面实施城乡用电同价，其中，“两改一同价”工程，在“十五”期间全面实施，2003年年底全国各省（区、市）均实现了城乡居民用电同价，城乡居民用电电价同价为0.5元的平均值，农村居民生活电价比“两改”前平均每千瓦时降低了0.23元。

二是实行煤电价格联动，2004年，为解决煤价上涨等因素对电力企业的影响，国家两次提高电价，合计销售电价每千瓦时提高了2.84分。为了进一步化解煤、电价格矛盾，2004年，发展改革委研究拟定《煤电价格联动机制》，并经国务院批准印发各地。新机制以电煤综合出矿价格为基础，当周期内平均煤价比前一周期变化幅度达到或超过5%后，在电力企业消化30%的基础上，相应调整电价，实行煤电价格联动。2005年5月，第一轮煤电联动实施，全国平均电价上调0.0252元/千瓦时，提价总额约450亿元。

三是电力厂网价格分离。2002年，我国提出“厂网分开、输配分开”的改革方向，这标志着我国的电力改革正式启动。为贯彻落实《国务院关于印发电力体制改革方案的通知》精神，使原来电网直属电厂从电网分离出来后能正常运行，2003年5月，国家发展和改革委员会制定和下发《电力厂网价格分离实施办法》（于2003年5月23日以发改价格［2003］352号文正式印发）。电力厂网价格分离实施办法中明确，为适应电力体制改革需要，确定厂网分开时的发电企业上网电价和电网输配电价。2005年，原国家电力公司被拆分为五大发电集团和两大电网。

四是推行分时电价制度，削峰填谷，缓解用电高峰缺电局面，国家发展改革委按照国务院的部署，在全国各电网普遍实行了分时电价制度，在此基础上，根据各电网用电负荷变化情况，2003年、2004年对23个电网的分时电价办法进行了修改;2005 年对北京、上海、江苏、广东等省市的分时电价办法作了进一步修改。

五是按耗能行业差别定价,2004 年 6 月,国家发展改革委对电解铝、铁合金、电石、烧碱、水泥、钢铁 6 个高耗能行业区分淘汰类、限制类、允许和鼓励类企业,试行了差别电价政策。对允许和鼓励类企业,电价随各地工业电价统一调整;对限制类和淘汰类企业,电价在以上基础上再分别提高 2 分钱和 5 分钱。

根据电监会统计数据,2005 年中国的居民电价仅为大工业电价的 0.93 倍,居民电价严重低于工业电价。

3. "十一五"期

根据国家发展改革委 2005 年颁布《电价改革实施办法》(发改价格[2005]514 号),我国电价分为上网电价、输配电价和销售电价。

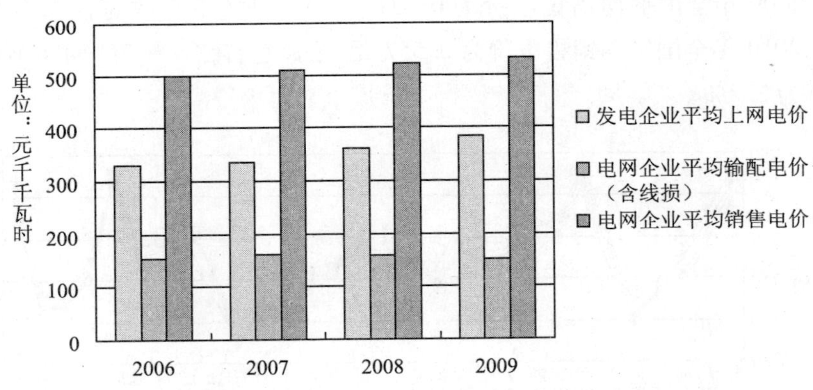

图 4-16 2006-2009 年上网电价、输配电价、销售电价

数据来源:电监会统计数据

从电监会统计数据来看(图 4-16),上网电价在"十一五"期间总体呈上升趋势。据统计,"十一五"期间国家共进行四次上网电价调整,2009 年,全国平均上网电价为 0.382 元/千瓦时,比 2008 年增长 6.01%,比 2005 年上涨 6.14 分/千瓦时,年均增长 4.5%。2009 年,全国销售电价平均每千千瓦时提高 28 元。2010 年五大发电集团平均上网电价为 374.10 元/千千瓦时,比 2009 年提高 1.77%,其中,华能、大唐、华电、国电、中电投平均上网电价每千千瓦时分别为 379 元、372.1 元、380.53 元、378.85 元和 353.46 元,而

2009 年分别为 379.27 元、362.99 元、373.24 元、372.96 元和 338.78 元。

总体而言，“十一五”上网电价年均增长率为 3.7% 左右。从发电类型看，“十一五”期间，水电、火电和燃气发电平均上网电价逐年上升，其中，燃气发电价格增长最快，“十一五”年均增长 12.2%；其次是火电，“十一五”火电上网电价年均增长 3.9%；风电电价略微有所下降，“十一五”年均下降 1.6%；核电电价相对平稳，变化不大。

“十一五”期间，如图 4－17 所示，全国各省、自治区、直辖市平均销售电价呈明显上升趋势，受资源状况、电源结构、经济发展水平等因素影响，我国各省（自治区、直辖市）电价水平差异很大，2010 年全国最高的为上海、广东、北京，其平均销售电价分别为 720.13 元/千千瓦时、706.69 元/千千瓦时和 703.38 元/千千瓦时，分别高于平均水平 35.4%、32.9% 和 32.3%；最低的为青海，其平均销售电价为 333.1 元/千千瓦时，仅为全国平均水平 62.6%。

2009 年全国平均销售电价为 0.531 元/千瓦时（不含政府性基金与附加），2010 年全国平均销售电价为 0.557 元/千瓦左右，“十一五”期间年均增长率为 2.8%。

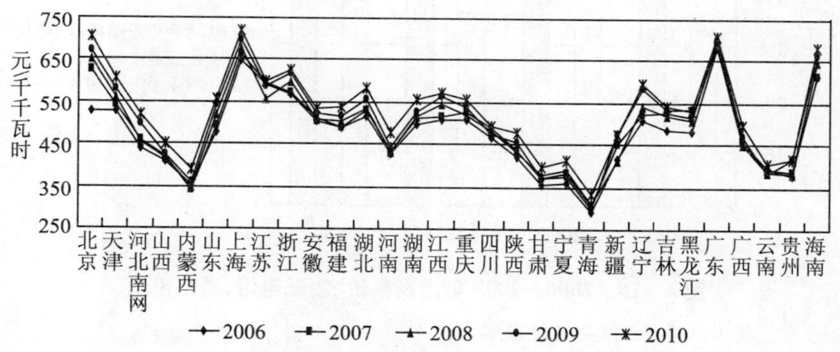

图 4－17 2006—2010 年全国各省（自治区、直辖市）平均销售电价

数据来源：1. 2006 年、2007 年数据来自国家发改委公布的销售电价标准，2008—2010 年数据来自国家电监会电力监管年度报告；2. 平均销售电价不含政府性基金及附加

值得一提的是，2002 年，我国提出“厂网分开、输配分开”改革，2003 年国家发展改革委制定下发了《电力厂网价格分离实施办法》，到“十一五”结束，目前我国电价体系主要包括上网电价和销售电价两部分，输配电价主要

通过电网购销差价体现,尚未真正形成独立的输配电价。“十一五”期间,平均输配电价总体呈上升趋势,2010 平均输配电价约 0.170 元/千瓦时,每千瓦时比 2005 年提高 2.5 分。

(二)电价变化趋势分析

目前我国电价结构还存在不合理的方面。一方面是环节水平上,上网电价所占比重偏大,占电价总体的 70% 左右,输配电价比重占 20% ~30% 左右,国外输配电价占到电价总体的 40% ~60% 左右。由于输配电价比重低,难以吸引投资,造成电网建设的相对滞后。另一方面是分类水平上,我国居民电价水平偏低,工业电价相对偏高。

“推进电价改革,完善电价体制”已经写入了电力“十二五”规划中,“市场煤、计划电”的煤电之争矛盾非常突出,在电力需求旺盛、发电成本增加的背景下,随着电价改革的深入推进,电价体制的市场化形成,必然推进电价上涨。

1. 成本上涨压力,推动电价上涨

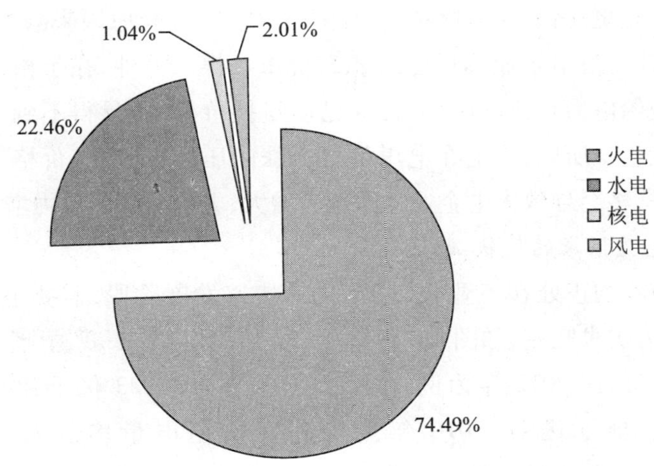

图 4-18 2009 年我国电力构成

数据来源:中国统计年鉴

在我国电力结构中,截至 2009 年,火电占电力电源的比重一直超过

70%，如图4-18所示，2009年火电占电力电源的比重为74.49%，再加上日本地震导致的核电危机，核电的发展速度可能受到影响，而水电、风电季节性强相关，具有很大的不确定性，因此，在一定时期内，火电仍然是发电的主力。然而，由于火电企业的燃料成本占全部发电成本的70%左右，因此，电煤价格的变动是火电企业经营中最敏感的成本因素。据有关统计数据，2010年，五大发电集团所运营的436个火电企业中，亏损企业236个，亏损面高达54%；资产负债率超过100%，处于破产境地的企业有85个，占全部火电企业的19%。进入2011年，全国火电企业的亏损问题更加严重，企业经营状况进一步恶化。五大发电集团火电企业2011年1月亏损额又上升了3.8亿~7亿元。在“市场煤、计划电”的现行形势下，受国际煤炭市场的影响，以及国内对煤炭的需求驱使，电煤价格存在较大的上涨压力，火电发电企业亏损可能加剧。尽管国家发改委已经明确要求2011年重点电煤合同价格维持上年的水平，不得以任何形式变相涨价。不过在市场化的条件下，煤炭行业国家限价的作用效果可能受到很大的影响。

譬如，2008年6月和8月，国家发改委曾连续两次限制煤炭销售价格，均未能抑制煤价上涨。由于现在的煤炭市场价比较高，按市场价出售比卖给合同电企更赚钱，所以煤炭企业经常以生产、安全原因来减少重点合同煤的供应，使得发电企业不得已采购高价市场煤。另外，在价格限制下，煤炭企业供应给电力企业的电煤，往往已质量换价格，质量得不到保证，变相涨价时有发生。所以，火电在电煤价格上涨的压力下，电煤价格上涨，而电价不能跟进，将会导致火电企业经营压力增大，电价上涨的压力增大。

2. 电力供求的现状，驱使电价上涨

目前我国正处在工业化、城市化的快速发展阶段，需要电力的强劲支撑，对电力需求旺盛，如图4-19所示，从1980年以来，我国全社会用电量增长趋势明显，以2010年为例，全社会用电量为41923亿千瓦时，同比增长14.56%。分地区看，2010年全国各省份用电量增幅较大的有青海（37.94%）、内蒙古（18.82%）、新疆（18.22%）、宁夏（18.15%）、海南（18.14%）、重庆（17.18%）、四川（17.03%）。预计2015年全社会用电量将超过6万亿千瓦时。

而从电力供给的角度来看，虽然装机容量逐年增加，拉闸限电却还在继续，目前及今后一定时期内，电力短缺的现状还将存在，特别是季节性的电

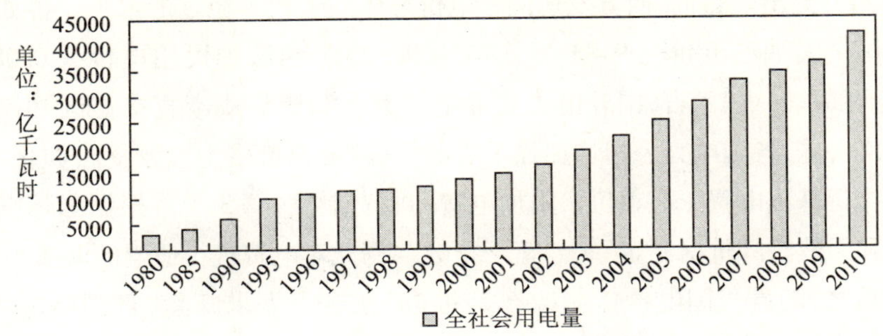

图 4－19　1980—2010 年全社会用电量

数据来源：中国统计年鉴

力突发需求导致的电荒，严重影响到各行业的正常生产。

2011 年 4 月以来，多地出现较严重的电力供应偏紧，华东电网、华中电网均出现了较大的电力缺口，大量工厂被拉闸限电，有的地区甚至出现了拉闸居民用电的现象。需求端高耗能产业屡禁不止，供给端水电生产受制于南方大旱，火电企业受制于煤电价格倒挂。在供需两端的挤压下，2011 年的大面积电荒乃 2004 年以来中国所面临的最大一次电荒，影响范围和深度前所未有，据中电联 5 月发布的预警数据，2011 年迎峰度夏期间电力缺口估计将达 3000 万千瓦。

除了南方大旱、高耗能产业用电需求复苏等原因，造成今年较大面积电荒提前到来的深层次原因是煤电价格没有理顺造成火电企业亏损严重，煤炭价格上涨被视为这次“电荒”的主要原因之一。由于国内能源需求不断扩大，国内煤炭价格持续上涨，价格甚至超越国际市场形成“倒挂”。对于火电企业，业界流传“发电越多，亏得越多”，煤炭价格上涨，火电企业发电积极性受挫。

国家发改委在今年 4 月上旬已上调全国 16 个省市的上网电价，全国近 20 个省市的火电企业的成本压力有所缓解。但由于上网电价是电网向电厂收购电量的电价，而销售电价则是电网企业向全社会的终端用户（包括农业、工业、服务业和居民）销售电能的价格。火电企业的成本压力暂时转移到了电网一端，因此，销售电价存在上涨的压力和趋势。

由于国际能源价格的上涨，能源结构性缺乏和供需矛盾正在成为较为常态化的全球问题，对于经济发展迅速的新兴经济体的中国而言，这一矛盾显得尤为突出。目前，西方发达国家电价总体处于较为稳定的水平。譬如，目前美国全国平均电价为9.83美分/千瓦时，2011年法国民用电价为0.08欧元/千瓦时。一般而言，国外电力企业电价大多和燃料成本直接挂钩，由于石油价格上涨，各国电力公司均加强了对电价的"燃料价格附加调整"，如日本一直就执行基础电费+燃料价格附加电费的收费制度，每3个月根据国际煤炭、石油和天然气的价格制定一个"篮子指数"，据此对电费进行适当的调整。

总之，随着我国电价体制改革的推进，在电力需求旺盛，且国际能源资源价格高涨的今天，电价，特别是火电价格将会适当上涨。电价上涨，对三大产业都有直接的影响，其中对第二产业影响最大，将增加工业企业的生产经营成本，特别对高耗电行业来说，冲击更大，以高耗电的电解铝行业为例，据有关数据计算，每生产1吨铝约耗电1.5万千瓦时，工业电价如果每千瓦时上涨0.1元，每生产1吨铝的成本就会增加1500元。但是，电价上涨，一定程度上可以有效促使高耗电行业节能降耗，促进行业调整，对抑制高耗电行业盲目扩展具有正向作用。当然，电价上涨，对于农业、一般工业企业、城乡居民生活等造成的成本支出无疑将会加大。

六、能源资源价格上涨的应对策略建议

中国是一个能源大国，拥有较为丰富的化石能源资源，但作为人口大国，人均能源资源拥有量在世界上处于较低水平。煤炭和水力资源人均拥有量相当于世界平均水平的50%，石油、天然气人均资源量仅为世界平均水平的1/15左右。

我国正处在工业化、城镇化加速发展的阶段，人口还在继续增长，未来我国的能源需求还会随之上升。按照2009年胡锦涛主席在联合国气候变化峰会上的承诺，一是争取到2020年单位国内生产总值二氧化碳排放比2005年有显著下降；二是争取到2020年非化石能源占一次能源消费比重达到15%左右，2005年时这一比例是7.5%。但是，我国"富煤、贫油、少气"的能源资源结构现状特点，必然会导致严峻的环境挑战，经济发展和能源消费与环境保护、气候变化的矛盾日益突出，减少二氧化碳排放的国际压力也在不断加大。能源资源价格的波动和上涨，对我国经济社会发展都将产生巨大的影响。何去何从？总体而言，应按照

“开源节流、重储保运”的方针，遵循“依靠科技、多元发展”的原则，加大能源资源（包括新兴能源）供给的同时，大力推进节约能源资源措施，提高能源资源的利用效率，降低能源资源价格高昂带来的压力与挑战，具体可从以下几个方面来着手应对。

（一）国家的应对策略

1. 立足国内，加大能源资源勘探力度，合理、有序地开发利用，确保国内市场的有效供给；另外，政府应加大推进能源资源的市场化改革力度，有效解决“煤电之争”，煤炭是我国第一大消费能源，而火电又是我国电源的主力，一定时期内，火电仍然还是我国电源的主力，因此解决好电煤的有效供给，一定程度上才能确保电力的有效供应，避免电力趋紧造成的拉闸限电，对我国经济发展的冲击。

2. 拓展国外，形成多元化进口渠道，特别是扩大我国高度依赖进口的能源资源进口来源地，避免局部地区的不稳定因素，导致我国能源资源外部供应趋紧。加大同中东、非洲、俄罗斯等国家和地区的战略合作，确保宽口径进口供给。鼓励中国企业走出去，在海外投资、开采石油和天然气等能源资源，在海外物色和建立自主开发能源资源的基地。

3. 加大战略能源资源储备，借鉴其他发达国家的经验，实施官民并举的战略储备策略。对冲和缓解短暂性能源价格上涨的外部压力，降低对宏观经济的波动冲击。以日本为例，1975 年，日本国会通过了《石油储备法》，规定国内石油企业必须储备足够 90 天消费的石油，政府对企业提供购油所需贷款的利息补贴；后来日本政府也开始建立国家石油储备，到 1998 年 2 月，国家石油储备已实现当初确立的 5000 万升、约合日本国内 85 天的消费储备的目标。与此同时，民间公司的石油储备义务相应地从 90 天逐步调低为 70 天。2007 年 3 月底，日本民间储备的石油足够国内消费 80 天，官方储备的石油足够 95 天消费。这就意味着，即使海外没有一滴石油进口，日本也能支撑半年左右。

4. 调整、优化能源资源结构，加大新兴能源资源开发的政策支持、扶持力度，依靠科技进步，积极发展水电、太阳能、风能、地热能、海洋能、生物质能等先进可再生能源，形成结构多元的能源资源局面，使得优质能源的比例明显提高。

5. 国家应顺应能源资源价格上涨的倒逼趋势，淘汰一批高能耗、高污染的落后企业。

（二）企业的应对策略

能源资源价格上涨，造成企业经营成本的上升，是不争的事实，只是对不同行业影响的程度不同而已。例如，油价上涨对传统的交通运输业的冲击相对较大；又如铁矿石价格上涨对钢铁业的影响是直接的，而钢材产品价格上涨，从而对机械制造、造船、建筑、集装箱行业、家电等高耗钢铁行业产生巨大影响。再如，水、电价格上涨几乎对任何行业都有一定的影响。因此，面临能源资源价格上涨、企业面临成本压力的背景下，如何应对，至关重要。

1. 企业应倡导节约能源资源，提高能源资源的利用效率，降低单位能耗和单位资源消耗，例如加工制造性行业，改造机械设备，或引进购买低能耗设备，降低能耗。

2. 对于高度依赖资源进口的企业，提高谈判定价话语权的同时，有能力的企业应积极实施"走出去"战略，在海外投资设厂开发资源或加大国际合作，向产业链上游环节延伸，形成原材料供给—产品生产一体化。另外国内资本，包括国有资本和民营资本积极进入海外产权市场，参与和争夺核心能源资源，尤其是油气资源的开发权。

3. 加大科技创新和研发投入力度，企业是创新的主体，加大与能源相关工业的技术研发与创新力度，开发替代能源、研发与推广节能技术，对于能源价格上涨，客观上促使能源产品的生产企业降低生产成本，革新技术与设备，从而使能源价格总体上保持稳定甚至适度降低。

（执笔人：蒋钦云）

参考资料：

1. 曹沉浮(2010)我国煤炭价格变动趋势及其影响因素的实证研究[D]西安科技大学硕士学位论文

2. 黄少中．现行电价评析今后五年走势前瞻．中国农村电气化信息网

3. 国网北京经济技术研究院《"十二五"电价展望及建议》

4. Key World Energy Statistics(2009). INTERNATIONAL ENERGY AGENCY

第五章

环境成本上升对传统竞争力的影响

随着人们对环境保护的意识逐渐加强，企业生产经营的绿色要求也逐步提高，政府对环境管制也更加严格，企业生产的环境成本逐渐上升。在现阶段，由于我国的环境管制与发达国家相比，还存在差距，还处于较为宽松的阶段，所以，环境成本的上升并未对企业的生产经营产生显著的影响。但是，国际社会对绿色生产、低碳经济的日益重视，绿色壁垒对我国出口的负面影响加重，每年因为产品环保不达标而造成的损失巨大。因此，国家和企业应该重视环境成本的上升对企业未来生产经营产生的影响。环境成本上升是大势所趋。资源环境管制所导致的成本增加既不能过高，让许多企业难以承受；也不能过低，而是技术进步激励的强度过低。国家应该抓住这个契机，实现中国的产业结构升级。

一、环境成本的现状及趋势

（一）我国环境成本的现状

美国耶鲁大学和哥伦比亚大学的环境专家合作完成，并与达沃斯世界经济论坛共同发布的评估世界各国（地区）环境质量的“环境可持续指数”（ESI），2005 年在全球 144 个国家和地区中，中国位列第 133 位，随着经济的快速发展，我国的自然资源消耗严重，生态环境遭到严重破坏。目前，中国已成为世界荒漠化最严重的国家之一，土地沙化扩展速度由 1994 年前的每年2460平方公里增加到2004年的每年3436平方公里，相当于每年“吞噬”一个中等县。荒漠化土地已占国土面积的27.9%，间接经济损失难以估计。我国有1/5的城市居民生活在空气污染严重的环境中，2004年，中国的二氧化硫排放总量达到约2600万吨，居世界第一，酸雨面积约占国土面积的三成。据2003年《中国地质环境公报》资料，全国31个省、自治区、直辖市不同程度地存在着与饮用水水质有关的地方病。可见，环境污染已经成为制约我国经济发展的瓶颈，但是我国企业承担的环境成本似乎远远低于企业生产造成环境破坏的价值。

中国社会科学院李钢等人对中国工业发展环境成本进行了估算，运用环境成本占当年工业总产值及工业增加值的比例来度量环境成本的大小。图5-1就显示了1991—2007年环境总成本占工业增加值的比例。

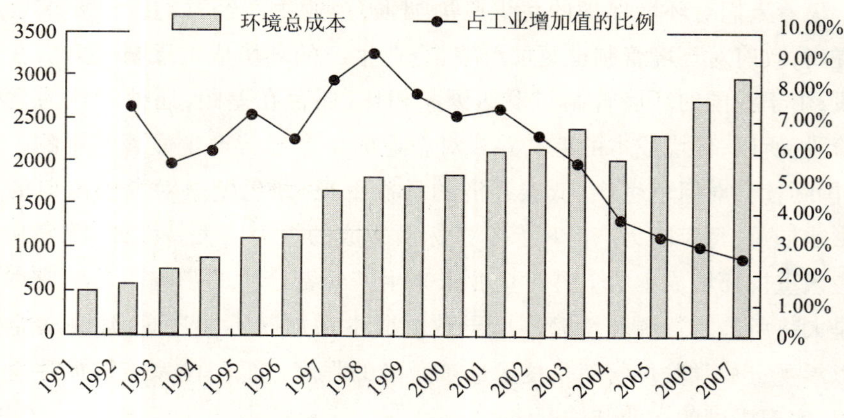

图5-1　工业环境总成本占工业增加值的比例趋势图

资料来源：中经专网、中国环境统计年鉴、中华人民共和国统计局网站

研究结果显示，2001年前环境总成本占工业增加值的比例在7%左右波动，从2002年开始持续下降，到2007年为2.52%，年均下降0.82个百分点。总的来说，环境总成本占工业增加值的比例处于下降的趋势，尤其是近五年来下降趋势比较明显。

中国社会科学院的董敏杰、李钢等人对974家企业做的问卷调查显示，72%的企业认为原材料价格上涨过快是影响企业生产经营的重要因素；65%的企业认为是劳动力成本过快提高；47%企业认为是汇率波动的风险；只有31%认为，环境管制强度过高导致成本上升是影响企业生产经营的重要因素。

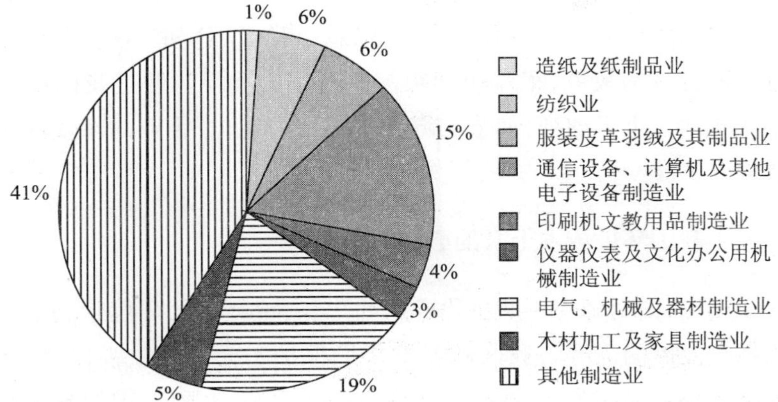

图 5－2 调查企业的行业分布

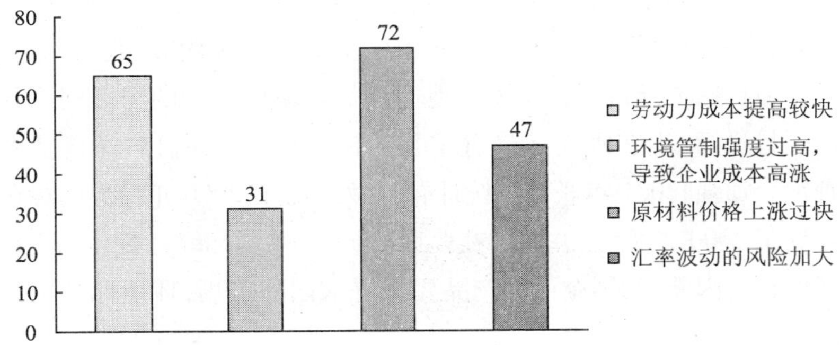

图 5－3 企业对影响生产经营因素的判断

这些研究都在表明，我国企业面临的环境成本较低，几乎不影响企业生产经营活动，也不在绝大多数企业家的决策范围之内。我国万元 GDP 能耗水平是发达国家的 3～11 倍，单位 GDP 的环境成本居于世界前列，但是我国企业面临的环境成本远低于发达国家，这是一个悖论。在世界范围内，环境成本内在化是一种发展趋势。环境成本内在化就是将环境成本纳入生产成本，体现环境资源的稀缺性，消除其外部性，即使产品价格包含环境成本，实现环境成本内在化。这样就可以以正确的价格信号为导向，使市场有效地配置资源，进而从根源上解决环境退化问题。2010 年夏季达沃斯论坛上，原全国人大副委员长成思危表示，通过计算2005年环境对经济所造成的损失，发现由于低能效、环境污染以及生态系统的破坏，所带来的环境成本，大概是达到GDP值的34.5%。由此我们可以总结我国环境成本的现状：企业实际承受的环境成本较低，很难引起很多企业家的重视。但是我国单位GDP的环境成本居于世界前列，如果实行环境成本内在化，企业的环境成本将进一步提高。

（二）我国环境成本上升的必然趋势

对于国内，面对环境不断恶化的严峻形势，更严格的环境管制已是我国自身可持续发展的需要。我国政府对环境保护工作高度重视，环境保护力度不断加大。到目前为止，我国已经建立起一系列规章、标准组成的法律体系，各地也制定了地方环境法规，基本做到有法可依。同时随着我国在世界上扮演的角色越来越重要，世界各国也会在环境管制方面对我国施加更大的压力。仅从国内来讲，环境管制必然会在不久的将来趋于严格。

此外，当今世界绿色观念盛行，我国的主要贸易伙伴美、欧、日等发达国家更是环境标准要求最高的国家。他们认为环境标准低的国家利用环境成本低的优势进行“生态倾销”，设置重重的绿色壁垒。而且各国消费者的绿色消费观念加强，2001年联合国统计署曾做过统计，2000年世界的绿色消费已经达到了3000亿美元，并认为在此后的十年中，国际绿色贸易仍会以很高的速度增长。因此，我国企业的产品要想进入国际市场，环境标准也将进一步提高。

无论是国内市场还是国外市场，都要求企业的环境成本加剧上升。但是，目前很多研究表明，环境成本对中国企业的生产经营影响有限，似乎可以不用考虑。但我认为，情况却恰恰相反，环境成本占工业增加值的比重很小的原因是，我国现阶段的环境管制手段与国际比较还是处于宽松的状态。前几十年，中国为了实现经济的增长，很大程度上是以牺牲环境为代价的，国外的污染行业转移到了国内生产，GDP总量是实现了飞跃，但是环境却付出了沉重的代价。在国际绿色生产的大前提下，我国企业高投入、高产出的模式处于弱势，我国的产品位于价值链的低端。要想在新形势下，获得高的国际竞争力，国家和企业必须做出战略调整。

（三）环境成本上升对外向型企业的影响

要研究环境成本上升对我国传统竞争力的影响，就不得不考虑对外向型企业的影响。因为我国 GDP 的增长主要是靠出口这辆马车拉动起来的，据统计，外贸依存度高达 60%。国内的企业在国内市场上都面临着相同的环境管制环境，环境管制严格或者是宽松，对相同产业的企业都是平等的，环境成本的上升对面向国内市场的企业竞争力的影响是很有限的。环境成本上升对传统竞争力的影响更多的体现在对出口企业的影响上。

改革开放以来，我国的经济发展取得了举世瞩目的成就。我国的对外贸易在近 30 年来呈现突飞猛进的态势。1989 年，我国出口贸易额为 525.4 亿美元，而 2004 年已达 5933.2 亿美元，从改革开放初排名世界 30 余位一跃成为现在的世界第三大贸易国。然而在对外贸易迅猛发展的同时，许多不利于贸易可持续发展的问题也逐渐浮出水面。由于我国生产力水平不高，经济增长方式以传统的粗放型为主，因此，我国的产业多为资源消耗型或污染密集型产业。受国外的绿色贸易壁垒的影响和各种国际公约中环境条款的制约，我国以资源密集性和劳动密集型为主的传统初级铲平的竞争优势将逐渐削弱。

从贸易增长对环境的影响看，我国出口产品的污染密集度在 30% 以上，大部分行业在贸易出口额上升的同时，废气、废水、固体废物排放呈持平或上升的趋势。在国内环境受到破坏的同时，出口商品受到日益严格的环境标准的影响：从 20 世纪 70 年代开始，国际上就对我国出口的食品提出检验六六六、滴滴涕残留量的要求。目前我国出口产品面临严格环境标准威胁的品种越来越多，不少产品出现出口量减少的趋势，其主要集中在石油化工、矿产、建材、纸浆与纸张、皮革及其制品、纺织印染、制药、洗涤用品、化肥、粮食、水果与食品等产品上。1994 年，日本对进口我国的大米要求进行 56 项残留物检验，到 1998 年上升到 104 项。作为茶叶出口大国的我国，茶叶出口也由于农药残留而量减少。纺织品因含多种偶氮燃料而出口举步维艰。机电产品出口日益受到国际环境公约和进口国环保法规的限制，如制冷设备的出口因含有 CFCS 类物质受到保护臭氧层的国际公约的限制；机床、柴油机、摩托车、小型成套设备的出口因受到废气排放、噪声污染等限制而受阻。其次，生产过程和方法标准将进一步限制我国产品对发达国家的市场进入。韩国从1994年开始实行农产品“绿色申报制度”，要求农产品出口商必须对农产品的栽培、收获和运输过程中使用的农药种类和使用时间给出说明，它极大地制约了我国农产品的出口。在工业产品出口上，由于技术水平和生产工艺相对比较落后，资源与环境的产权制度不完善，缺乏相应的约束与补偿机制，在生产过程中使用的方法不当，资源使用效率较低，耗费极为严重，“三废”物质有随贸易出口的增长而增加的现象。我国单位GDP所耗费的能源量是日本的5.7倍，比印度高64%。等量的总产值中的能耗高，则意味着效益低、浪费大，投入的物质和能源被过多地浪费于生产过程的各个环节，而浪费严重的另一面则是各个环节的污染重。据统计，我国单位产品的污染系数通常为发达国家的几倍甚至几十倍。环境成本不能内部化，产品在国际市场的售价偏低，具有所谓的比较优势。这种“以牺牲国内生态环境为代价”而低价在国际上销售商品的行为，常常被发达国家视为“生态倾销”而加以报复，通过PPM标准、征收生态倾销税或对本国产品进行生态补贴，以削弱进口产品的比较优势，从而限制进口产品的进入。据有关资料表明，带有绿色标志的产品日益博得消费者的青睐。目前全球绿色消费的总量已达2500亿美元以上。在一些发达国家，绿色生态服饰已成为消费的首选，喜欢购买绿色产品的人超过50%。联合国贸易发展会议的一份资料表明，中国每年有多达74亿美元的出口商品受到了绿色壁垒的负面影响。

随着国际社会对绿色生产、低碳经济的日益重视，我国出口企业的传统竞争力逐渐削弱，环境成本会占有越来越大的比重。现在名目繁多的绿色壁垒已经说明了这一点，出口企业必须认清国际大环境，适时调整自己的发展战略，培养自己新的竞争力。

二、环境成本对企业竞争力的影响机制

关于环境成本上升对企业竞争力的影响，理论界有两个不同的观点，分别是传统假设和波特假设。传统假设认为，环境成本作为企业成本之一，环境成本上升必然提高企业成本，企业成本的提高会压缩企业盈利空间，进而削弱企业的竞争力。波特假设则认为，有效的环境管制虽然提高了企业成本，但是环境管制也通过“创新补偿”和“先动优势”等途径提高企业的利润

空间,如果提高的部分足够大,企业的竞争力反而会提升。具体地讲,严格的环境标准会使企业重视产品质量、生产技术以及消费者的环境要求,尤其是当政府的环境标准略微超前时,企业因为产品差异化而提升竞争力,这样会激发企业的创新能力并增加出口潜力,从而补偿企业环境成本,甚至比不受环境约束的企业更具竞争力,这就是所谓的"创新补偿"和"先动优势"。

环境成本上升对企业竞争力的影响主要通过价格和产品差异化。价格影响其实就是成本影响,但是价格影响分为两方面。首先,环境成本上升直接影响企业产品总成本,从而使产品价格升高,影响产品在市场上的竞争力。其次,在面对环境成本上升压力的时候,企业会加强技术创新和管理创新等,以期在其他方面降低成本,从而降低总成本,间接地提升了企业的竞争力。这两方面影响兼而有之,只是孰大孰小的问题,前者是短期的,后者是长期的。从长期来看,环境成本的上升反而刺激了企业的创新,提高了竞争力。产品差异化是指当企业无论是自愿还是被迫提高产品的环境特质的时候,产品就和没有这一环境特质的产品区分开来,产品具有了差异化,就不再是同一产品,经济学理论说明差异化带来更强的市场力。当今世界绿色风暴盛行,消费者对产品的环境特质要求逐渐提高,产品差异化对企业竞争力的影响将越开越大。

一般来说,如果实施一项环境管制措施,例如,提高环境保护标准或者增加资源和环境税,对于竞争力较强的企业,不仅在短期内可以承受成本的提高,而且有能力尽快实现技术和管理调整,以适应高标准的管制要求。对于竞争力较弱的企业,就可能因难以承受成本提高的冲击而难以为继。所以,资源环境管制强度的提高,特别是环境保护标准的提高,对产业和企业群体都产生优胜劣汰的作用。

问题是,在一定时期内,一国的产业和企业对于资源环境成本提高的能力总是有限度的。或者更准确地说,当资源环境成本提高,一国企业因无法承受而被淘汰,资源环境成本的提高幅度越大,因无力承受而被淘汰的企业就越多。而一个国家或地区,能够承受有多少企业被淘汰的冲击,是有一定的限度的。如果超过一定的限度,即如果很多企业都难以承受,则这样的管制强度和标准就是不行的。也可以这样理解,对于产业和企业来说,资源环境管制短期是成本增加,长期则是技术促进。因此,关键是从短期影响为主导长期影响为主的过渡期途径。也就是说,资源环境管制所导致的成本增加既不能过高，让许多企业难以承受；也不能过低，而是技术进步激励的强度过低。

所以，国家和企业在面对环境成本上升时，要同时考虑到这两方面的因素，在保证经济增长的同时，又能够利用技术这一关键要素，实现产业的升级换代。

三、与发达国家之间的比较

西方发达国家的企业一般需要负担高额的环境保护成本，但还是具有很高的国际竞争力。这就值得我们国家的企业学习和借鉴。

瑞典模式

以瑞典为例，瑞典是一个非常注重环保的国家，因此，瑞典的环保政策可谓相当严格。瑞典征收资源环境税，例如，消耗能源征收的能源税、排放二氧化碳征收的碳税、排放二氧化硫征收的硫税，排放二氧化氮征收的氮氧化合物税，消耗电力征收的电力税。其次，瑞典的企业环保情况都是公开的，上市公司每年需要向股民公开年度财务报表以外，还需要提交企业的环境保护法规的执行情况，这对企业是一种有力的约束。再者，瑞典的企业不但负责生产和销售，而且还要负责产品形成的废旧物品的回收和再利用。这些措施虽然保护了瑞典的环境，但无疑加重了企业的生产成本。

在这样高成本的约束下，瑞典的工业在国际上还是有很强的竞争力，产生了爱立信、宜家、沃尔沃等 7 家全球 500 强企业。这是因为，瑞典有着全球领先的科技创造能力。瑞典人均发表科技论文全球第一，在已登记的发明创造专利中瑞典也是第一，而且瑞典的研发投入占 GDP 的比重仅次于以色列，位于第二。高的科技水平使瑞典的企业在全球竞争中始终处于价值链的高端，高的技术水平带来高的产品附加值，高的产品附加值又带来高的利润，从而弥补了高的环境成本带来的损失。

但是我们在看到发达国家环境优势的同时，也要注意到任何产业都有自己的发展周期，发达国家已经完成了工业化，处于衰退期的产业能耗高、物耗大、污染严重，同时发达国家的环境标准越来越高，企业的污染处理成本越来越大，为了躲避国内政府的严格管制和减少污染处理成本，它们的企业势必将夕阳产业转移出去。我国与发达国家之间存在着经济、技术差距，正在进行工业化，急需大量的外资和技术。在以发达国家为中心的国际经济条件下，它们的企业一方面集中精力发展高新技术产业，把清洁干净、技术含量高的产业留在国内；另一方面把不利于本国生态环境的产业转移到发展中国家，再把清洁、干净的产品输入国内。这样既可以保持与发展中国家的技术差距，又可以延长产业的衰退期以便获取更多的利润，更可以获取发展中国家的廉价自然资源和转移污染而又不负任何责任，一举多得。据统计，1991 年外商在我国设立的生产企业中，污染密集企业占总数的 29.12%，占总投资额的 36.80%，主要分布在橡胶塑料（占污染企业和投资额的 28.39% 和 21.78%）、化工（分别占 17.60% 和 13.10%）、化纤、能源等行业。在 1995 年来华投资的 3.2 万家企业中，高污染企业达 39%（夏友富，1995）。特别是近几年随着加工贸易的快速发展，这种趋势仍有增无减。这就再次警示我们如何才能有效地利用外资，提高本国的竞争力。

四、国家和企业的调整方向

环境成本的上升对于国家和企业来讲，既是挑战，更是机遇。国家应该把握这次机会，实现我国的产业结构调整，使我国的产品由价值链的低端走向价值链的高端，使我国粗放型的经济增长方式向集约型转变。企业更应该认清现在的国际大环境，主动地调整自己的发展方向，从而使自己的产品具有新的国际竞争力。

（一）企业

第一，企业在生产的过程中，应按照国际性环境保护标准生产，如 ISO14000 系列标准、联合国食品法典委员会（CAC）的食品标准、食品质量控制的 HACCP（危害分析与关键控制点）标准体系等。尽量避免贸易摩擦的可能。

第二，企业应该加大研发的投入，在环境成本上升的背景下，企业应该更加主动地迎接挑战，实现技术的创新，培养新的国际竞争力。企业要想冲破绿色壁垒，首先必须顺应这股绿色潮流。我们反对的是滥用绿色贸易壁垒的不正当行为，但是像我国农产品因有害物质超标而被对方国家拒绝入境之类的事件，不能认为是对方故意设置绿色壁垒。相反，应当及时转变观念，推动自身开发绿色产品，加速技术进步与产业升级。

第三，主动了解国内外消费群体的绿色需求，提高产品差异化程度。广大企业应抓住机遇，顺应环保时代发展绿色化的潮流，树立绿色营销观念，实施产品绿色化战略，在产品开发、制造、包装、营销、服务等各个环节都切实地把环保要求纳入企业的决策要素中，做到在研发环节上开发绿色产品，在广告上突出绿色效应，在公共关系上积极开展环保公益活动，在营销渠道上选择绿色企业，在供应链上选择绿色伙伴，在市场上寻找绿色消费者。实现满足企业利益、消费者需要和环境利益的营销方略，在环保时代求得生存和发展。

（二）国家

第一，健全环境保护资源的产权制度，为环境保护外部性最大限度地内在化奠定制度基础。

产权是界定人们如何受益及如何受损，因而谁必须向谁补偿以使它修正人们所采取的行动。产权和外部性之间存在着密切的关系，而产权的一个主要功能是引导人们实现将外部性较大地内在化的激励。中国出口产品之所以屡屡遭受发达国家环境壁垒的风险，就是因为环境保护资源属于公共或共有资源，在企业生产的过程中，对资源使用或污染排放存在着责任、权力、利益的不对称：环保部门有责任但无权力，企业往往有利益但无责任，地方政府经常是有权力、有利益但无责任的现象较为突出。

要提高我国基于环境保护的国际竞争力，首先是国家或政府必须明确界定环境保护资源的财产权，即赋予资源和环境保护相应的财产权利，如所有权、使用权、利益分配权和补偿权等，具体到我国就是要将环境保护资源产权相对地“私有化”或分散产权，使其具有独占性和排他性，形成对资源的使用者和污染的排放者的责任约束与经济激励，将环境保护外部性最大程度的内在化。

第二，完善环境技术标准制度。

我国出口面临的环境壁垒主要有：

1. 国际性环境保护技术标准。如 ISO14000 系列标准、联合国食品法典委员会（CAC）的食品标准、食品质量控制的 HACCP（危害分析与关键控制点）标准体系等。

2. 区域性环境保护技术标准。如欧盟纺织品生态标准就严格限制棉花生长过程中农药的使用、化纤生产加工过程中的有毒清洁剂和漂白剂的使用，以及染色、印花、整理等加工过程中染料等有害物质的使用等，此项生态标准还对废水处理提出了严格要求。

3. 国别性环境保护技术标准。如在日本的名目繁多的技术标准和法规中，只有极少数是与国际标准一致的，当外国产品进入日本市场时，不仅要求符合国际标准，还要求与日本的各类技术标准相吻合。如化妆品，要与日本的化妆品成分标准（JSCL）、添加剂标准（JSFA）、药理标准（JP）的要求一致，只要其中有一项指标不能满足要求，日方就可以以质量达不到标准为由而将该类产品拒之门外。

由于我国的产品技术质量标准制度起步较晚，环境保护技术标准制度的建设更为滞后，现行国家标准中采用国际标准的比率不足40%；在现行ISO、IEC等16000多项国际标准中，由我国主导起草的只有15项左右。现阶段我国存在技术标准水平总体偏低、采标率低、标龄过长等现象。加入WTO后，我国约有60%的出口企业已经受到技术标准的影响，在国际出口贸易中遭受的损失高达数百亿美元，严重影响了经济和技术的快速发展。为了提高我国基于环境保护的国际竞争力，必须加强我国的环境保护技术标准的研究工作，研究国际环境保护技术标准发展变化趋势，制定出相应的发展战略，明确发展重点，健全环境保护标准制度体系。

首先，作为国家整体，使我国的环境保护技术标准制度应尽快地与国际接轨，鼓励企业采用国际环境保护技术标准。

其次，作为出口行业协会和企业，应针对目标市场，研究区域性（环境壁垒的中间结构）和国别性（环境壁垒的内部结构）环境保护技术标准及其变化趋势，在满足国际环境保护技术标准（环境壁垒的外部结构）的同时，优先采用目标市场的环境保护技术标准，并能够适当地超前，这样才能有备无患，提升出口产品的环境国际竞争力。

第三，中国应加快建立跨区域全国性的“生态保护与发展补偿”机制。中国环境管制难点，不仅在于环境保护对于排污企业具有“外部性”，而求对于地方政府也有外部性。由于中国实施的分税制，会使某一地区的企业税收由其所在地政府与上级政府分享，而环境污染损失却由所在地及附近地区共同承担。由于中国地形是西高东低，而且东部是临海，因而同样污染物在不同地区所造成的环境损失是有差异的，可以判断东部沿海地区排放的单位污染环境损失要小于中西部地区；而且东部由于产业升级的速度较快，因而排放单位污染物所产生的经济效益较大；对于中国污染物总量控制，如果单纯考虑经济因素，应将更多的污染物排放权配置到东部地区。但这对西部地区是不公平的，东部地区发展时环境管制标准较低，而西部地区也有发展的权利。为了解决经济效率与公平的矛盾，可以建立全国性的“生态保护与发展补偿”机制。可以通过省间的协商，建立类似企业排污权交易平台的政府间污染物排放权交易平台，交易参与的主题限于政府部门，可以将中央政府分配的排放权或减排计划在该平台上互换。

第四，建立自身的绿色贸易壁垒。为了防止国外利用中国环境标准低和环保意识薄弱的机会向中国出口不符合环境标准、污染重的产品和废旧物资，中国应对三资企业进行调查和评估，严格把关，禁止兴建高污染、难治理的项目，避免新的污染行业向中国转移，防止一些外商为了获得高额利润和逃避所在国严格的污染治理规定，相继在中国境内投资设立污染防治费用高、处理难度大的农药、化工、印染、造纸、电镀等企业。以免给中国生态环境带来严重破坏，使绿色壁垒成为中国出口潜在的危险。

第五，从根本上提升中国的国际竞争力还是要靠产业结构的升级来实现，从低技术、低产品附加值、低资本密集型向高技术、高产品附加值、高资本转变，完成价值链条上的升级。

（执笔人：程海星）

第六章

人民币升值压力的应对策略研究

一、国外施压人民币汇率的历史及特点

（一）国外施压人民币汇率的历史

自2002年日本财务省前次官黑田东彦在《金融时报》撰文认为人民币汇率低估使中国向全球输出通货紧缩起，国外对人民币汇率便不断施加各种压力。总体看，国外施压人民币汇率的主要论调是人民币汇率被低估，总体要求是人民币应当升值。

表6－1　2002—2010年国外向人民币汇率施压的典型事件

时　间	压力来源	施压内容	备　注
2002年12月	黑田东彦（日本财务省前次官）	人民币汇率被低估，中国向全球输出通货紧缩	《金融时报》文章
2003年2月	盐川正十郎（日本前财务大臣）	中国出口货物低廉是全球通缩的重要原因，人民币应升值	七国集团财政部长会议提案
2003年7月	盐川正十郎（日本前财务大臣）	日、美应携手向中国施压要求人民币升值	亚欧经济部长会议提议
2003年9月	斯诺（美国财政部前部长）	中国政府应放宽人民币波动范围	访华期间提出

续表

时　间	压力来源	施压内容	备　注
2004 年 9 月	美国“中国货币联盟”（美最大工会组织联合 26 家公司形成）	向美国政府提出根据美国国内贸易法 301 条款对中国是否操控货币进行调查并实施制裁	–
2005 年 4 月	舒默（时任美国民主党参议员）	人民币汇率政策导致美国对华贸易逆差增长。若中国 6 个月内不调高人民币兑美元汇率，美国将对进口的中国产品征 27.5% 关税	–
2005 年 4 月	蒂姆·瑞安（时任民主党众议员）和邓肯·亨特（时任共和党众议员）	敦促小布什政府以立法形式向中国政府施压，迫使中国改变人民币紧钉美元的固定汇率政策，改变美中贸易严重失衡局面	美众议院《2005 中国货币法案》提案
2007 年 7 月	马克斯·鲍卡斯和查尔斯·格拉斯利（时任美国参议员）	允许美国向他们认为货币汇率出现“基本偏差”的国家施以反倾销惩罚关税	《2007 年货币汇率监督改革法案》提案
2007 年	谢尔比和多德（时任美国参议员）	–	《2007 年货币改革与金融市场准入法案》提案
2007 年 9 月	蒂姆·莱恩和邓肯·亨特（时任美国众议员）	–	《2007 年公平贸易货币改革法案》提案
2009 年	奥巴马（美国总统）	承诺使用外交手段促使中国改变汇率政策	写给美国全国纺织业组织理事会的信
2010 年 1 月	奥巴马（美国总统）	人民币应升值	2010 年国情咨文
2010 年 2 月	奥巴马（美国总统）	要在汇率问题上对中国采取较强硬措施，确保中国遵守贸易规则，开放市场	向参议院民主党政策委员会议员演讲
2010 年 2 月	美国 15 名参议员	要求美国商务部将人民币汇率被低估部分视为补贴，并在美国对华发起的铜版纸“双反”案中首先展开调查	–

续表

时 间	压力来源	施压内容	备 注
2010年3月	美国130名两党议员	敦促奥巴马政府立即采取行动解决中国“汇率操纵”问题，要求财政部将中国列为“汇率操纵国”	-
2010年3月	舒默等十余名两党议员	建议修改关于货币操纵行为的认定标准，要求财政部采用新标准对中国做出认定，并授权商务部采取惩罚性措施	关于汇率问题的新议案
2010年9月	美国众议院	对某一向美国出口国家的货币对美元汇率在18个月内是否从根本上被低估做出判定，如果政府相关部门做出肯定终裁，将对该国输美商品征收反补贴或反倾销税	《汇率改革促进公平贸易法案》

资料来源：笔者整理

（二）国外施压人民币汇率的特点

1. 美国是向人民币汇率施压的主要力量。起初日本是人民币升值的积极鼓吹者和急先锋，但后来日本意识到人民币过快升值不利于日本企业在中国投资，也不利于中国经济增长从而带动日本出口，要求人民币升值的呼声渐趋式微。美国继而成为在人民币汇率问题上向中国施压的主要力量。

2. 国会、政府和利益集团是美国向人民币汇率施压的“三驾马车”。但这“三驾马车”对待人民币汇率的态度和向人民币汇率施压的方式都有较明显的区别。美国国会对人民币汇率的态度较强硬，施压的主要方式是提出针对人民币汇率的议案，通过立法形式施压。而立法一旦通过，便具有强制执行力，回旋余地不大。较之国会，美国政府态度相对缓和，无论是小布什政府还是奥巴马政府，在人民币汇率问题上都更务实、更灵活，很多时候同国会的强硬态度存在较大分歧。美国政府主要通过政治和外交手段施压，回旋余地较大。美国财政部《国际经济和汇率政策》半年度报告，对将中国列为汇率操纵国一直持谨慎态度。美国国内相关利益集团，特别是与中国产品直接竞争的行业利益集团，如纺织、钢铁等，对人民币汇率态度强硬，但它们的诉求必须通过国会或政府才能实现，其对人民币汇率的影响较为间接。

3. 美国对人民币汇率的要求多样，有时要求人民币升值，有时要求放宽人民币波动范围，有时要求人民币汇率形成机制更加灵活。但在现阶段，人民币汇率形成机制更加灵活和放宽人民币汇率波动范围的直接结果都将是人民币加快升值。因此，美国对人民币汇率的根本要求还是人民币升值。

4. 无论在人民币钉住美元时期（2005 年前），还是人民币升值时期（2007 年、2010 年 9 月），美国都对人民币汇率进行施压。也就是说，即使人民币已经升值，美国要求人民币升值的压力依然会存在。

5. 美国向人民币汇率施压的依据主要有三个：第一个是“货币操纵”，这一概念属于国际货币法范畴，本由国际货币基金组织提出，但内化于美国 1988 年《综合贸易和竞争力法》中；第二个是低估的人民币汇率为中国出口产品提供补贴，或导致中国出口倾销，这一依据将汇率与补贴或倾销联系在一起，属于国际贸易法的调整范畴；第三个是人民币汇率低估是美国对中国逆差的主要原因，人民币应升值以为全球经济失衡调整做出贡献，这一依据将汇率与贸易差额和全球经济失衡调整联系在一起，属于经济分析范畴。

6. 美国对人民币汇率的压力形式大于实质。迄今为止，美国国会议员虽提出过多项针对人民币汇率的惩罚性议案，但并未能通过立法程序进而付诸实施；近年来，美国财政部《国际经济和汇率政策》半年度报告从未将中国列为汇率操纵国，而美国总统、财政部长等通过演讲、双边会谈、国会作证等方式对人民币提出的要求，则更不具法律权威和强制执行力。在美国挑起人民币汇率争端时，人民币压力似乎巨大；但从事后结果看，人民币汇率迄今并未受到实质性压力。

二、美国施压人民币汇率的意图分析

笔者认为，美国施压人民币汇率，有一个表面意图、四个实际意图。表面意图是解决中美贸易不平衡，实际意图包括：一是如法炮制《广场协议》压制日本的手法，将中国打造为第二个日本；二是冲击中国制造业发展；三是争取国内特殊利益集团的政治支持；四是作为与中国进行其他利益交换的手段。

（一）解决中美贸易不平衡

无论是美国国会还是政府，公开宣称的施压人民币汇率的主要意图是解决中美贸易不平衡。比如，2005 年美国民主党参议员舒默提出的法案议案，民主党众议员蒂姆·瑞安和共和党众议员邓肯·亨特提出的法案议案，2010 年奥巴马的国情咨文和向参议院民主党政策委员会议员的演讲，都将人民币汇率视为导致中美贸易顺差的原因，都将人民币升值视为解决中美贸易顺差的方式。

国际金融危机爆发后，美国认为全球经济失衡是国际金融危机的主要根源。美国作为全球最大的支出者和借款人，与中国作为全球最大的储蓄者和贷款人，各应为全球经济失衡承担一半责任[①]。由此，中美贸易不平衡成为全球经济失衡的主要表现形式，解决中美贸易不平衡也就成为解决全球经济失衡、进而避免金融危机再次爆发的重中之重。美国对人民币汇率施压、要求扭转中美贸易顺差进一步获得道义优势。

然而，解决中美贸易不平衡只是美国施压人民币汇率的表面意图。历史事实证明，汇率升值并不能解决美国与别国的贸易差额。1985—1989 年日元兑美元快速升值时期，日美贸易依旧保持高额顺差，1985—1989 年分别为 461.52 亿、550.29 亿、563.26 亿、517.93 亿和 490.58 亿美元。2005—2008 年人民币兑美元单边升值期间，中美贸易顺差反而连年增长，2005—2008 年分别为 2022.78 亿、2341.01 亿、2585.06 亿和 2680.39 亿美元。出现这种情况可能有两个原因：一是汇率变动根本不足以影响日美或中美双边贸易格局；二是汇率升值也许对日美或中美双边贸易顺差产生了一定抑制作用，但这种作用被其他更为根本性的、推动日美或中美贸易产生顺差的因素所抵消。无论哪种原因，在历史事实如此的情形下，美国依然要求人民币升值以解决中美贸易不平衡，只能理解为这只是美国表面的意图，或者说只是美国对人民币施压冠冕堂皇的借口。而事实上，美国人自己可能清楚人民币升值并不能解决中美贸易顺差，甚至美国人可能根本没有想解决中美贸易顺差。

---

① 见《美中经济与安全评估委员会递呈美国国会的 2009 年度报告》

（二）将中国打造为第二个日本

1985年9月《广场协议》签署前，日本是仅次于美国的第二大经济体，也是美国贸易逆差的主要来源。《广场协议》签署后，日元短期内快速升值，日本经历了资产泡沫形成和破灭的过程，日本经济发展的强劲势头最终一去不复返，陷入停滞的十年，同美国的差距逐渐拉大。

值得注意的是，国际货币基金组织去年4月的《世界经济展望》中，专栏分析了《广场协议》对日本经济的影响。分析认为，《广场协议》签订后日本实行长时间的宽松货币政策，是资产泡沫形成的主要原因，也是后来日本经济陷入长期低迷的主要原因。这一观点在去年7月国际货币基金组织针对我国的《2010年第四条磋商工作人员报告》中也再次被提及。

然而，对于一个外向度较高的国家而言，本币急剧升值情况下，要把握好货币政策的力度和节奏是比较困难的：首先，本币急剧升值时，采取宽松货币政策刺激经济几乎是必然选择。IMF也认为，汇率升值对经济增长和就业的影响可以通过支持性的宏观经济政策来缓解。其次，确定宽松货币政策到底实施多长时间合适是比较困难的。尤其是宽松货币政策实施到一定程度、资产价格泡沫开始出现时，如果本币仍在升值、出口继续受到负面影响，这时货币政策抉择难度会加大。由于决策存在时滞，宽松货币政策很可能在当局的犹豫不决中越过合适的转向时点，导致过量流动性被释放。因此，日本的宽松货币政策实施时间过长固然是资产泡沫形成的直接原因，但长时间实施宽松货币政策的根源还在于日元长期大幅升值对日本出口和经济增长带来的显著冲击。

（三）冲击中国制造业发展

改革开放30年来，我国制造业发展有两个最重要的基础：一是廉价生产要素，特别是低成本劳动力投入；二是产品市场扩张，特别是海外市场扩张。通过迫使人民币升值，我国制造业发展的两个基础可能被削弱，制造业发展将遭到一定冲击。

首先，人民币升值与国内要素成本上升会产生叠加影响，使我国以美元计价的要素成本呈加速上升态势。2000—2008年，我国以人民币计价的制造业劳动力成本年均增速为13.8%，而由于人民币兑美元升值，以美元计价的劳动力成本年均增速达16.3%。

其次,人民币升值会提高我国出口产品的美元价格。对于美欧等发达国家的消费者而言,价格上升会通过替代效应和收入效应导致其对中国产品的消费下降:一方面,来自其他发展中国家的同类产品会显得更为便宜,从而产生对中国产品的替代;另一方面,消费品价格上升意味着居民实际收入下降,消费会相应下降。

全球化条件下,两大基础削弱会对我国制造业发展产生冲击。

一方面,国内要素价格上升将对国际产业向我国转移产生一定阻力。目前,国内要素价格上升对外商投资企业的影响已日益显现。中国日本商会发布的《中国经济与日本企业2010年白皮书》认为,日资企业经营面临的最大问题是工资上涨;2005—2009年,在华日资制造业企业中赢利企业的比例从73%降至51.9%。香港中华厂商联合会发布的《厂商会会员珠三角经营前景问卷调查2010分析报告》发现,60%~80%的珠三角港资企业认为,劳动力成本上升和人民币汇率变化风险对其生产经营有着严重影响。

另一方面,人民币升值将加快国内对外直接投资和制造业向外转移。本币升值一般会推动企业对外投资,原因有二:一是相对财富效应,本币升值后,国外资源、技术、厂房、机器设备等资产的本币价格相对下降,对企业跨境并购的吸引力上升;二是相对成本效应,本币升值后,以外币计值的本国劳动力、土地、原材料等要素成本上升,而以本币计值的国外要素成本相对下降,对本国企业绿地投资的吸引力上升。以日本为例。1985—1990年日元升值40.9%,对外直接投资年流量从64.4亿美元增至507.74亿美元,年均增速为51.1%,大大超过1973—1985年21.3%的年均增速。

(四)争取国内利益集团政治支持

人民币汇率对美国而言远不是单纯的经济问题,某种程度上更是一个政治问题。美国政治人物对人民币汇率的强硬态度,更多时候是为了争取国内利益集团的政治支持。尤其是当美国国内经济不景气,失业率攀升,选民不满情绪增加,劳工组织和纺织、钢铁等传统行业要求向人民币汇率施压的呼声高涨时,为了在政治上得分,美国国会议员和美国政府首脑很容易将人民币作为攻击对象,在人民币汇率问题上表现出强硬姿态。

（五）作为与中国进行其他利益交换的手段

在中美关系的整体格局中，人民币汇率只是其中一点，美国很可能将其作为与我国进行其他利益交换的手段。其具体做法是：先对人民币汇率发起冲击，向中国政府施加压力；然后以撤销对人民币汇率的压力为理由，要求中国满足美国在政府采购、自主创新甚至国际政治等方面的要求。

三、美国施压人民币汇率的合法性分析

（一）指责人民币汇率操纵的合法性分析

1. 牙买加体系下一国汇率主权的自由度及其边界

汇率主权是指一国独立自主调整本国货币与外国货币的兑换比例及波动幅度的权利。汇率主权具有二重性：一方面，它作为一国经济主权的一部分，应由本国独立自主决定，国际社会和外国政府不应干涉；另一方面，汇率的确定和调整会对别国产生影响，有时是十分重大的影响，具有较强外部性，因此又不能不受到一定限制和约束，即汇率主权的行使具有一定的边界。"二战"后迄今先后出现的两大国际货币体系——布雷顿森林体系和牙买加体系，就是在汇率主权的独立自主性和汇率主权的边界这一对矛盾中寻找结合点和平衡点。其中，国际货币基金组织在全球汇率制度安排中发挥核心作用。

1977年国际货币基金协定进行了根本性修订，以适应布雷顿森林体系崩溃和牙买加体系建立的要求；2007年又对1977年协定进行了较大调整。2007年协定第4条有关"外汇安排的义务"规定，成员国可以：(1)以特别提款权或除黄金之外的其他尺度作为确定本国货币价值的标准；(2)通过合作安排，建立本国货币价值与其他成员国货币价值的关联；(3)成员国所选择的其他外汇安排。由此可见，与布雷顿森林体系截然不同，牙买加体系下汇率主权的独立自主性是首要前提和基础，一国可以选择任何一种汇率制度。

然而，一国在享有自主选择汇率制度权利的同时，也要承担相应义务。国际货币基金组织协定第4条第1款规定了成员国在汇率安排上应遵守如下义务：(1)努力以自己的经济和金融政策来达到促进有秩序的经济增长这

个目标，既有合理的价格稳定，又适当照顾自身的境况；(2)努力通过培育有秩序的基本的经济和金融条件和不会产生异常混乱的货币制度以促进稳定；(3)避免操纵汇率或国际货币体系来妨碍国际收支有效调整或取得对其他成员国的不公平竞争优势；(4)奉行同本节所规定的义务相符的外汇政策。

这四条义务中，后面两条属于强制性义务，其中第三条又是关键。规定避免汇率操纵的义务，正是希望对汇率主权设置一定边界，通过国际合作降低乃至消除汇率调整的外部性。这一条义务也正是美国指责我国操纵人民币汇率的国际法根源。1988 年，美国将国际货币基金组织协定规定的这一义务纳入其《综合贸易和竞争力法》中，要求财政部每半年向国会报告有关国家汇率政策是否构成汇率操纵。

2. 国际货币基金组织有关汇率操纵认定的标准

避免汇率操纵是牙买加体系下一国行使汇率主权所要遵循的核心义务，那么如何认定汇率操纵便成为关键问题。按照 2007 年 6 月国际货币基金组织公布的《对成员国政策双边监督的决定》，只有在基金组织认定一个成员国在操纵其汇率或国际货币体系，并且这种操纵是出于阻止有效的国际收支调整或取得对其他成员国不公平的竞争优势这两种目的之一时，该成员国才违反了避免汇率操纵的义务。也就是说，国际货币基金组织认定汇率操纵有两条标准：一是行为标准，二是目的标准，二者缺一不可。仅根据一国对汇率市场进行政策干预无法得出该国在实施汇率操纵的结论，更重要的是看该国进行政策干预的目的或动机如何。

关于行为标准，即一个成员国是否在操纵其汇率或国际货币体系，国际货币基金组织判定的标准是："操纵"汇率仅通过目的在于影响汇率水平并且实际影响了汇率水平的政策实施。此外，操纵可能造成汇率变动，也可能阻止这种变动。

关于目的标准，只有当基金组织认定：(1)该成员国是为了造成汇率低估的根本性汇率失调而实施影响汇率水平的政策，并且(2)造成这种失调的目的在于扩大净出口时，该成员国才会被认为是为取得对其他成员国不公平的竞争优势而操纵汇率。

可以看出，在目的标准中，根本性汇率失调是一个核心概念，而这一概念又必然建立在"均衡汇率"概念的基础上。只有均衡汇率能够确定，才能判断一国当前汇率水平是高估还是低估，也才能进一步认定一国采取的汇率政策是否造成了“根本性汇率失调”。然而，“均衡汇率”本就是一个仅存在于学术讨论中的抽象概念，实际测算中存在很大困难和模糊性。Dunaway和Li（2005）、Dunaway等（2009）学者都曾指出，对于通常采用的均衡汇率模型而言，模型技术参数的微小变化、解释变量的界定和样本区间等都可能导致均衡汇率的评估意外地大幅度变更。因此，对于国际货币基金组织而言，判断一国汇率政策是否造成了“根本性汇率失调”在技术上存在较大困难。

实践中，国际货币基金组织通常通过该国国际收支变动的结果判断一国汇率是否被低估。例如，《国际货币基金组织、中华人民共和国2010年第四条磋商工作人员报告》中认为，人民币汇率仍然大大低于与中期基本面一致的水平，主要理由有三条，其中两条便是我国国际储备继续迅速积累和经常账户在未来几年将会回到庞大顺差状况。

不过，在判断一国汇率政策的目的时，国际货币基金组织规定，基金组织有责任根据所有可获得的证据，包括通过与有关成员国进行磋商，客观地评价成员国是否在履行避免汇率操纵的义务。对于成员国就其政策目的所作的任何陈述，在存在合理怀疑的情况下，基金组织不做出不利于成员国的判定。

3. 我国没有违反国际货币基金组织关于避免汇率操纵的义务

首先，人民币无论是选择传统意义上的钉住汇率制还是爬行钉住汇率制，无论是选择钉住美元还是参考一篮子货币，乃至选择完全自由的浮动汇率制，都符合国际货币体系关于汇率主权的基本规则，他国无权对人民币汇率制度选择进行干涉。

其次，自2005年7月我国重新启动汇率形成机制改革以来，人民币兑美元一直处于单边升值态势。虽然2008年10月至2010年6月，人民币事实上重新采取了钉住美元的汇率，但2010年6月后又开始了单边升值进程。2005年7月至2011年7月，人民币兑美元累计升值21.3%。若我国干预汇率的目的是为了取得对国外的不公平竞争优势，则不可能允许人民币升值，而应采取措施促使人民币贬值。

最后，国际货币基金组织和美国财政部都未曾将我国列为汇率操纵国。国际货币基金组织与我国关于基金组织协定第四条的磋商报告，和美国财政部《国际经济与汇率政策》半年度报告，都因没有充足证据证明我国汇率政策的目的是妨碍有效的国际收支调整或取得对其他成员国不公平的竞争优势,而未曾将我国列为汇率操纵国。例如,在2006年5月10日的报告中,美国财政部认为,"无法认定2005年下半年中国外汇体系的运转是以妨碍国际收支平衡调整或使中国在国际贸易中获得不公平竞争优势为目的。"

(二)指责人民币汇率导致出口补贴的合法性分析

1. WTO关于补贴的相关规定

WTO《补贴与反补贴措施协定》规定,补贴的存在应满足两项条件:第一,存在由政府或任何公共机构提供的财政资助;第二,通过资助授予了被补贴者一项利益。第一个条件实际又包含两个子条件:一是补贴的授予者必须是政府或任何公共机构;二是补贴必须是以财政资助的形式进行。其中,财政资助具体包括:(1)涉及资金的直接转移(如赠款、贷款和投股)、潜在的资金或债务的直接转移(如贷款担保)的政府做法;(2)放弃或未征收在其他情况下应征收的政府税收(如税收抵免之类的财政鼓励);(3)政府提供除一般基础设施外的货物或服务,或购买货物;(4)政府向一筹资机构付款,或委托或指示一私营机构履行以上(1)至(3)列举的一种或多种通常应属于政府的职能,且此种做法与政府通常采用的做法并无实质差别;(5)收入或价格支持。

在WTO框架下,禁止成员国使用或维持两种类型的补贴:一是法律或事实上视出口实绩为唯一条件或多种其他条件之一而给予的补贴;二是视使用国产货物而非进口货物的情况为唯一条件或多种其他条件之一而给予的补贴。

2. 人民币汇率并不构成对出口企业的补贴

美国一些国会议员和利益集团认为,人民币汇率被低估,导致出口企业的美元收入能够换得更多人民币,因此,事实上出口企业得到了政府补贴,这一做法违反了WTO有关补贴的相关规定。然而,这种指责实际是站不住脚的。

首先,人民币汇率是否被低估本就是一个充满争议的问题。如上文所述,确定人民币均衡汇率存在极大困难,所以无法判定当前人民币汇率是否低估。

其次,即便人民币汇率确实被低估,也不能视为WTO框架下的补贴。第一,企业外汇交易对象是商业银行,纵使企业通过低估的人民币得到了额外收益,此收益的直接授予者也是商业银行,而商业银行并非政府或公共机构;第二,纵使商业银行与企业的交易汇率受到中央银行的间接控制,企业得到的利益可视为由中央银行间接提供,但这种利益也并非通过《补贴与反补贴协定》列举的财政资助的方式进行。

最后,即便人民币汇率确实被低估,且也属于 WTO 框架下的补贴行为,但依然不属于 WTO 禁止成员国采用的补贴。因人民币汇率是对所有出口企业都适用的,并不以出口实绩为条件,也不以出口企业是否使用国产货物为条件。2009 年 9 月,美国第二大钢铁生产商 Nucor 公司向美国商务部和国际贸易委员会提出请求,指控中国政府维持人民币汇率从而有效防止了人民币对美元的升值,导致中国出口上获得了出口补贴。但美国商务部认为,Nucor 公司未能充分阐明这些超额获取的人民币以出口量或出口实绩为前提条件,因为超额获取的人民币与获得美元的商业行为或交易的类型无关,和兑换美元的特定公司或个人的身份也无关,因而不对此提出调查。

(三)指责人民币汇率导致倾销的合法性分析

《2007 年货币汇率监督改革法案》是美国将货币汇率与倾销联系在一起的典型。该法案将货币低估视为倾销,要求动用反倾销手段,对出口国加以制裁,并规定了反倾销"三步走"的做法。

1. WTO 关于倾销的相关规定

WTO《反倾销协定》规定,所谓倾销,是指如果一项产品从一国出口到另一国,该产品的出口价格在正常的贸易过程中,低于出口国旨在用于本国消费的同类产品的可比价格,也即以低于其正常价值进入另一国的商业,则该产品被认为是倾销。在出口国国内市场在正常贸易过程中不存在该同类产品的销售时,或者该项销售由于该市场的特定情况,或在出口国国内市场的销售量太少,而不能用于适当的比较时,则倾销幅度应通过与向一个合适的第三国出口的同类产品的可比价格(如果该价格是有代表性的话),进行比较而确定,或者与原产地国的生产成本,加上合理数额的管理费、销售费和一般成本并加利润进行比较而确定。

而 GATT1994 第 6 条第 1 款认为,用倾销的手段将一国产品以低于正常价值的办法挤入另一贸易国,如因此对某一缔约国领土内已建立的某项工业造成重大的损害或产生重大威胁,或者对某一国内工业的新建产生严重阻碍,这种倾销应该受到谴责。

可看出,在WTO框架下,倾销的构成需有三个要件:一是出口价格低于正常价值(出口国国内同类产品的售价,或向第三国出口的同类产品的可比价格,或成本加成确定的价格);二是进口国相关产业遭受严重损害或重大威胁;三是出口低价与进口国相关产业损害之间具有因果关系。其中,出口价格是否低于正常价值是关键要件。

2. 人民币汇率并没有造成我国出口产品倾销

首先,如果人民币汇率被低估,那么出口产品价格不仅不可能低于国内同类产品售价,反而可能高于该售价。举个例子。一件中国产上衣,国内售价是68元;假设美国认为人民币兑美元"均衡汇率"为1美元=5元人民币,那么该类上衣出口到美国时若售价为13.6美元,则不存在倾销行为。假设人民币汇率实际为1美元=6.8元人民币,那么同样出口到美国售价为13.6美元的上衣,换算为人民币应该是92.48元,反而高于国内售价。这里的关键在于,确定中国出口到美国的产品是否存在倾销,是要将中国出口产品价格与同类产品在中国国内的售价,或中国向第三国的出口价格,或国内成本加成价格相比,而不是与美国国内同类产品的售价相比。人民币汇率即便被低估,也只可能造成中国向美国出口产品的价格低于美国国内同类产品的售价,而不会使其低于在中国国内的售价,或向第三国的出口价格。否则,中国出口产品就会选择在国内销售或销往第三国,而不会出口到美国。

其次,倾销的认定只能是针对具体产品而言,而人民币汇率适用于所有出口产品。如果人民币汇率导致出口倾销,那么意味着我国出口到美国的所有产品都存在倾销行为,这显然与倾销的定义不符。

四、未来美国向人民币汇率施压可能的方式及其有效性分析

(一)未来美国对人民币汇率施压可能采取的三类方式

从中美人民币汇率争端历史看,未来美国对人民币汇率施压可能采取的方式主要有三大类:

第一类是通过政治和外交途径,比如总统演讲、中美战略与经济对话等向我国施压。

第二类是通过单边行动向我国施压，其中可能有三条主要途径：国会立法、反倾销调查和反补贴调查。

第三类是通过多边机制向我国施压，包括向 IMF 提出申诉，指控我国违反避免汇率操纵的义务；向 WTO 提出申诉，指控我国违反 GATT1994 第 15 条第 4 款避免“通过外汇措施使得 WTO 协定有关条款的意图无效”的义务，或违反避免禁止性补贴和倾销的义务等。

（二）美国施压人民币汇率方式的有效性分析

首先，通过政治和外交途径向人民币施压，因其不具强制执行力，所以其效果仅在于引起我国政府的注意，给我国政府造成心理压力。但只要我国政府不做出实质性承诺，也不因这种压力而对人民币汇率做出实质性改革，那么这种施压的效果就会非常有限。

其次，国会最终出台针对人民币汇率惩罚性法案的可能性不大。从以往历史看，虽然一再有国会议员试图通过针对人民币汇率的惩罚性法案，但迄今为止尚未有一项法案获得参众两院的一致通过从而真正成为美国法律。究其原因，美国国会受到国内利益集团的强大影响，代表各种利益集团的主张和要求。而在人民币汇率问题上，美国存在利益和态度相互矛盾的两大利益集团：一个是劳工组织和与中国进口产品构成直接竞争关系的纺织、钢铁等传统行业，这类利益集团是对人民币汇率施压的积极支持者；另一个是以美国跨国公司为代表的利益集团，强势美元符合这类公司的利益，而如果因国会通过惩罚人民币汇率的法案导致中美经贸关系恶化，很可能损害这些公司在中国的商业利益，因此，他们对国会向人民币汇率施压往往持反对态度。由于这两大利益集团势均力敌，因此，美国国会真正要通过针对人民币汇率的惩罚性法案难度较大。

第三，就反补贴调查而言，美国面临较大法律障碍。如上分析，指责人民币汇率构成出口补贴的法律依据并不充分，美国在进行调查时难免遇到较大的法律障碍。这一障碍的存在，甚至可能使美国政府相关机构根本不发起调查。美国商务部拒绝 Nucor 公司要求调查人民币汇率构成出口补贴便是一例。

第四，就反倾销调查而言，如上分析，美国面临两大障碍。首先，即便美国认定人民币汇率被低估，中国出口产品价格低于美国国内同类产品销售价格，但要发现中国出口产品价格低于中国国内同类产品售价或中国向第三国售价，恐怕将面临较大困难，甚至可能发现中国出口产品价格反而高于中国国内同类产品售价或中国向第三国售价，在这种情况下是无法认定倾销的。其次，即便美国裁定人民币汇率导致出口产品倾销，但按照反倾销调查的特点，美国也只能针对具体产品实施反倾销措施，这样对人民币汇率的影响将微乎其微。

第五，就美国向 IMF 上诉而言，如上分析，人民币汇率并没有违反 IMF 避免汇率操纵的义务，迄今为止，IMF 也未做出过人民币汇率存在操纵的结论，因此美国胜诉的可能性较小。

第六，就美国向 WTO 上诉而言，首先，GATT 第 15 条第 2 款要求 WTO 在被提请审议或处理有关货币储备、国际收支或外汇安排问题的所有情况下，应接受 IMF 提供的关于外汇、货币储备或国际收支的所有统计或其他事实的调查结果。换句话说，WTO 对汇率问题的管辖权，实际上以 IMF 对汇率问题的态度为基础。如果 IMF 不认定人民币汇率存在操纵，那么 WTO 应接受这一结论。其次，如上分析，人民币汇率安排并没有违反 WTO 关于避免禁止性补贴和倾销的义务，因此美国即使上诉，也不一定能获得 WTO 相关规定的支持。

五、应对人民币汇率压力的策略分析

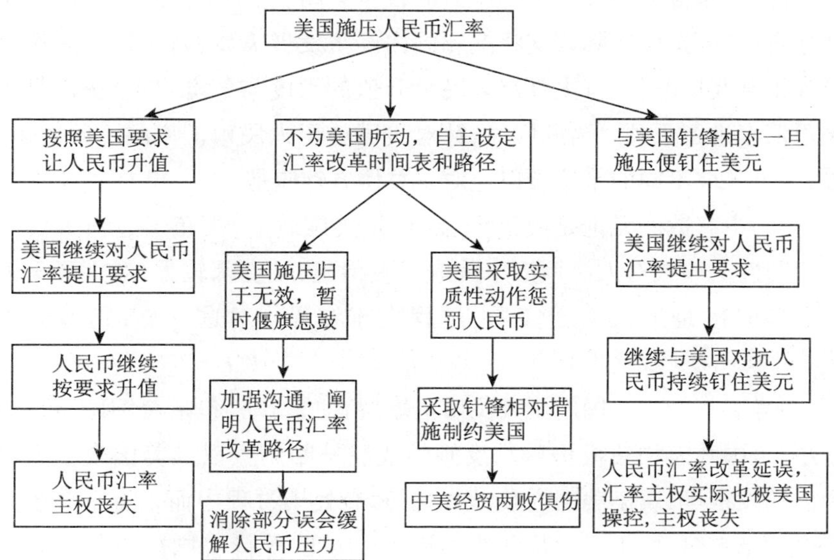

以上是中美之间人民币汇率的博弈树,最下一列是博弈可能出现的四种结果,每一种结果都对应一条博弈路径。四种结果中,人民币汇率主权丧失符合美国施压人民币汇率的战略意图(将我国打造为第二个日本、冲击我国制造业发展),但却不符合我国利益;人民币汇率改革被延误、汇率主权实际也被美国操控,一方面不符合我国利益,另一方面也将给美国意图通过促使人民币升值捞取政治资本的政治人物带来更大压力,促使他们进一步走上施压人民币汇率的道路,中美对抗将可能升级。因此,面对美国对人民币汇率施压,无论是像当年日本那样屈从于美国的压力,还是与美国针锋相对,都是不可取的。

而我国如能自主设定人民币汇率改革的时间表和路径,稳步推进人民币汇率形成机制改革,那么一方面如前文分析,由于法理性不足、国内利益集团制约等因素,美国采取实质性措施施压人民币汇率(比如,国会最终形成惩罚人民币的法律,美国政府采取反倾销和反补贴措施,以及在 IMF 和 WTO 胜诉)的可能性不大;另一方面,我国如果能传递明确信号,即一旦美国铤而走险,我国将采取针锋相对措施反制,比如通过国内立法,针对美国宽松货币政策推动美元贬值等问题设立调查程序,对自美国进口的货物征收同样的惩罚性关税,那么中美经贸可能两败俱伤的结果也将制约美国铤而走险制裁人民币汇率。

因此,未来应对人民币汇率压力的根本策略,在于坚持人民币汇率主权的独立自主性,按照国际收支状况和国内经济发展需要,自主设定人民币汇率形成机制改革路径,自主掌握人民币升值的力度与节奏,自主决定是否对人民币汇率进行干预。与此同时,针对美国施压人民币汇率的不同主体、不同方式,可采取不同的策略予以应对。总体方针应是:

一、心中有数。无论是美国国会,还是美国政府,真正通过对人民币汇率的惩罚性法律或对人民币汇率采取强硬措施,难度都较大;对人民币汇率施压更多时候是形式大于实质,过程大于结果。对这一点,我国应心中有数。

二、静观其变。美国施压人民币汇率的单边行动,包括美国国会启动立法程序、美国政府相关机构启动反倾销或反补贴调查以及美国政治人物在其国内的发言等,属于美国内政,因此在其尚处于过程中而未有不利于人民币汇率的结果时,可不必反应过度,应静观其变,等待美国国内相关利益集团的制衡,等待美国政府机构的调查做出结论。

三、加强沟通。对于美国通过外交途径对人民币汇率施加的压力,应与美国加强沟通。沟通的内容主要有二:一是阐明人民币汇率改革的路径;二是阐明人民币过快升值并不能解决中美贸易逆差。

四、积极应诉。对于美国通过多边机制向 IMF 或 WTO 上诉从而对人民币汇率施压,我国要积极应诉,充分利用 IMF 或 WTO 相关规定中对我国有力的条文,通过法律途径对美国的上诉予以有力回应。

(执笔人:杨长湧)

|第七章|

通过资本输出创造出口需求研究

十年前，我国加入WTO，并提出了实施"走出去"战略，由资本输入适时转变为资本输出的战略性转变。这绝不是一个巧合，这是我国对外开放发展到了一个重要阶段，要求做出积极参与经济全球化，主动融入世界性科技革命战略部署的必然结果。十年后，我国对外开放再次进入了一个新时期，通过加快实施"走出去"战略，扩大资本净输出，逐步建立境外自主生产体系、全球营销渠道和售后服务网络、国际综合物流和金融保险服务体系，把产品增值链、供应链和资本链延伸扩展到世界主要市场区的发展方式转变，在实践中探索出一个通过资本输出创造出口需求的新模式。

一、重视资本输出在创造我国出口需求中的作用

（一）资本输出在创造我国出口需求中的作用

资本输出，主要包括对外金融资产的几种投资形式，如股权投资或直接投资、外汇储备资产、证券投资和其他投资（如辛迪加银团贷款、人民币优惠贷款、出口信贷等）等。在我国2010年对外金融资产结构中，直接投资（股权投资）的比重仅为7.5%，外汇储备资产的比重高达71%。

与之相比，在全球三大生产网络中，北美（美加墨）所持有的东亚（东盟加中日韩）对外金融资产结构中，股权投资占70%以上，外汇储备资产约占2%。而东亚所持有的北美对外金融资产结构中，股权投资仅占14%左右，

外储高达40%以上。一般而言，持有外汇储备资产的资产收益率很低，如果购买10年期美国国债，不算通胀通缩损益和贬值升值损益，名义回报率仅3%左右。而在我国对外金融负债中，三资企业直接投资的比重占60%，其资产净收益率平均高达20%以上。因此，如何把我国长期积累下来的对外金融资产管好用好，事关我国科学发展之大局。

为此，我国资本输出结构调整的重要方向，就是要进一步扩大对外直接投资的比重，配合政策性融资、出口信贷、对外援助等措施，促进我国资本组合多样化，多层次、宽领域、跨区域地创造我国出口需求。包括：(1)鼓励有条件的企业把产品价值链、供应链、资本链延伸扩展到境外，到海外建立加工组装基地；境外分销、售后服务和全球维修体系；全球综合物流和供应链管理体系；研发、设计及创新中心；境外能源和资源储备和供应保障体系等。(2)逐步放松资本输出管制，推动"私人资本流出"，"盘活资本存量、转变资本增量、重视跨国并购、提高股权投资"。要制定不同阶段对外金融投资、对外股权投资、对外战略性资源储备（流量换存量战略）的发展战略，逐步把中国资本输出结构调整到一个合理有效的新水平和高层次上来。(3)加快推动产能"走出去"、渠道"走出去"、银行"走出去"、人民币"走出去"、售后服务和全球维修"走出去"、综合运输"走出去"、研发设计"走出去"。统筹协调好我国企业"走出去"的主体选择、人才培养以及海外投资风险管理体系；研究制定建立我国全球和区域生产体系的路线图和战略规划，培育一批具有国际竞争力的跨国公司集团，提升"两个市场、两种资源"综合运作能力，为多元化创造新的出口需求潜力和网络提供必备的物质和技术条件。(4)鼓励政策性金融"走出去"，通过货币互换、人民币优惠贷款、出口信贷、对外人民币援助，如中国与委内瑞拉建立了总额为100亿美元和700亿人民币的中委大额融资基金以扩大两国的贸易往来。同时，研究建立中委货币互换协议和人民币作为委储备货币的可行性。利用人民币贷款，扩大中国技术设备、日用消费品和劳务出口。

（二）通过资本输出改变我国经常项目长期顺差的局面

按我国经常项目顺差占GDP的比重来衡量，1999年—2003年，我国经常项目顺差占GDP的比重一直保持在3%以下，2004年达到3.55%，2005年上升到7.19%，2006年和2007年分别达到9.53%和10.99%，金融危机爆发后，这个指标很快再次回到4%以下。我国经常项目顺差的"大起大落"，一方面反映了我国加入WTO后，全球投资者看好中国，把中国作为其产品价值链终端产品出口加工组装基地，从供给端带动了2004年后中国顺差大幅度上升的变化。另一方面，2004年后全球性金融和楼市泡沫泛起，造成全球非理性繁荣，从需求端带动了中国顺差的倍增效应。

按我国货物贸易顺差占经常项目顺差的比重来衡量，1997年为125%，到2009年下降到84%。这说明引致我国内外部经济失衡日益严重的原因之一，除金融和楼市泡沫等外部因素外，也与我国长期以来执行"奖出限入"、"顺差好于逆差"的有偏激励导向相关。后者造成了我国外经贸领域长期存在价格扭曲、资源错配、福利流失的情况，进而加剧了我国内外部经济不平衡、不协调、不可持续的局面。

要走出这个困境，就要改变外经贸领域的激励导向，即改变昔日"奖出限入"和今日"奖入限出"的不同政策偏差；改变昔日重视"引进来"和今日重视"走出去"的不同政策偏差；改变昔日推动贬值和今日加快升值的激励导向偏差，真正把调整的重点转变到加快转变经济发展方式上来。要实现这个政策目标，就要在加快实施"走出去"战略、资本输出战略与扩大内需战略、经济国际化战略之间进行战略层面上的统筹协调和相互配合。一方面，通过加快推进人才国际化、资本国际化、产业国际化、市场国际化进程，提升我国企业推进"走出去"、增强资本输出质量和效益的综合国力和产业国际竞争力；另一方面，通过各经济实体战略统筹"走出去"，通过资本输出把我国货物贸易和服务贸易中间产品出口转变为东亚和全球的最终产品和服务的出口，改变长期困扰我国宏观经济的"双顺差"局面。

（三）加快推动外汇储备结构的战略性调整创造出口需求

当前，我国外汇储备余额高达3.2万亿美元。其利在于增强信心①，其弊在于经济和社会福利损失。我们的一项研究成果认为(2007)，中国外汇储备的合理规模应保持在6000亿~8000亿美元左右，多余的部分应逐步从央行资产负债表中剥离出来，按照"藏汇于民"的原则多元化管理和运用。

---

① 查尔斯·恩格尔认为，危机时，外储对维系信心和防范挤兑是重要保障，这是亚洲金融危机后，各国增加外储的主因。见"汇率政策"，比较，0410。

除用于金融投资组合之外，更多地用于支持国内企业"走出去"对外直接投资；加大战略性资源储备；扩大有利于加快转变经济发展方式的关键技术、设备和人才的进口；深化在岸、离岸、转口转运出口需求，促进国内结构调整等①。

然而，对国际社会而言，始终存在着中国为什么不扩大进口，人民币为什么不升值，为什么愿意承受巨额贬值资产和升值负债所带来的福利净损失和系统性风险，甚至有可能成为"中国威胁论"的一种说辞。因此，通过实施"走出去"战略，扩大资本输出，既可以实现外汇储备资产合理多元化管理与使用，又可以创造多元化的出口需求，把境内供给和境外需求内生化在中国企业跨境资本链和产业增值链内部，是一个一举多得的战略举措。

（四）日本通过资本输出创造出口需求的经验

从表7－1数据可以清楚看出，1985—1995年，日美贸易摩擦及日元大幅度升值以后，日本采取了通过资本输出创造出口需求并建立不受汇率波动影响的生产和贸易体系的成功尝试。如日本对美国的出口，有70.8%的出口市场份额是通过在美国当地建立分公司的方式实现的，其中占出口市场份额的50%是通过在美国投资建立销售性分公司的方式实现的。通过美国当地贸易代理的方式创造的出口需求只占10.4%，通过日本综合商社的渠道创造的出口需求只占7.6%。日本对中国的出口，有60%的出口市场份额是通过在中国当地建立分公司的方式实现的，其中占出口市场份额的35%是通过在美国投资建立生产性分公司的方式实现的。通过中国当地贸易代理的方式创造的出口需求占14.2%，通过日本综合商社的渠道创造的出口需求只占13.5%。中美之间的区分在于，在中国建立生产性分公司的方式创造出口需求的比重大于在美国的比重，这反映了日本对华中间产品出口比重较大，对美出口终端产品比重较大的结构特征。

① 张燕生、张岸元、姚淑梅：《现阶段外汇储备的转化与投资策略研究》，《世界经济》，2007年7月。

表 7－1　日本出口中各渠道所占比重（%）

	美国	加拿大	墨西哥	巴西	中南美	欧元区	英国	俄罗斯	东欧	澳大利亚	新西兰	非洲
企业	150	44	32	45	35	117	61	31	34	63	34	33
当地分公司	70.8	38.7	38.1	40.5	22.3	52.1	55.6	16.1	30.9	31.5	26.5	12.2
一生产性	20.8	10	11	28.6	6	12.2	15.5	1	20.6	6.7	8.8	3.1
一销售性	50	28.7	27.1	11.8	16.3	39.8	40.1	15.1	10.3	24.7	17.6	9.1
当地代理	10.4	35.6	20.3	33.3	41.3	25.3	23.3	36.7	31.7	37.3	55.9	44.3
由日本商社	7.6	11.6	18.7	16.4	24.9	7.7	1.3	30.7	22.7	16.4	5.6	29.6
其他	11	14.2	22.9	9.8	11.4	15.2	19.8	17.5	15.9	15.8	12.1	13.9
	中国大陆	韩国	中国台湾	中国香港	新加坡	泰国	马来西亚	印尼	菲律宾	越南	印度	中东
企业	155	131	135	96	93	110	82	77	65	56	65	57
当地分公司	59.8	27.2	39.6	54.1	46.2	54.7	44.8	42.2	30.9	32.8	28.4	12.2
一生产性	35	9.7	16.7	6.6	6.1	40.4	33.8	32.7	22.5	24.9	18.4	2.6
一销售性	24.8	17.5	22.8	47.6	40.2	14.3	11	9.4	8.4	7.9	10.1	9.6
当地代理	14.2	38.3	34.6	25.6	30.5	23.2	29.9	25.1	37.9	30.9	29.7	40.6
由日本商社	13.5	12.2	9.7	6.7	9.9	8.6	7	16	13.5	18.3	17.9	27.2
其他	13.5	22.2	16.1	13.5	13.4	13.6	19.2	16.7	17.7	20.2	24	20

资料来源：伊藤隆敏等，《日本企业的计价货币选择和汇率风险管理》，比较 0410，

二、重视资本输出在调整贸易生产体系中的作用

（一）我国的二元贸易体系

在经济全球化背景下，我国实际上形成了各占半壁江山的两元结构的贸易生产体系[①]。一元是以国际产品内工序分工为基础、以跨国公司内部贸易为主体的加工贸易生产体系。2009年，我国加工贸易体系中，外资企业进出口占比约84%，内资企业占比约16%。二是以国际比较优势和差异化分工为基础[②]，以内资企业为主体的一般贸易生产体系。其中，内资企业进出口占总进出口贸易额的68%，外资企业进出口占比约32%。

举世瞩目的东亚经济模式也包括二元贸易生产体系。如我国台湾就是以中高端代工为基本特征，积极参与美欧工序分工体系的一种外向型发展模式。而韩国则是以自主生产为基本特征，参与国际差异化分工和交换的另一种外向型发展模式。这两种不同的外向型模式都取得了显赫的发展业绩，成功地跨越中等收入陷阱，进入高收入经济体行列。但是，在世界经济激烈动荡和变幻中，也承受了不同的外部冲击。如亚洲金融危机，以自主生产为特征的韩国生产体系（如半导体产业）就受到严重打击，而为美国信息技术产业代工的中国台湾地区大厂就顺利度过危机。然而，10年后，美国金融危机爆发，中国台湾中高端代工的生产体系就因美国金融和楼市泡沫的影响受到严重打击，而韩国生产体系（如三星）就顺利渡过难关。10年前，韩国企业提出向中国台湾地区企业学习的口号，然而10年后，中国台湾地区企业又提出向韩国企业学习的要求。东亚经济模式就是在不同模式之间比较、试验、竞争、转换中发展起来的。

（二）我国二元贸易体系的主要特征

我国以低端代工为特征的加工贸易生产体系，在过去的30年，对促进我

① 请参阅张燕生，“跨越中等收入陷阱阶段的外部环境变化与国际收支调整”，内部文稿，2011年。

② 关于国际工序分工和差异化分工模式的理论最新发展，请参阅刘厉兵，“新国际分工理论综述”，内部文稿，2010年。

国国民经济发展和市场体制转型可谓功德无量。一是通过出口导向和招商引资，从根本上解决了外汇短缺和资本短缺的缺口；二是通过引入外来竞争压力和市场化要素组合方式，促进我国经济体制转型和市场经济发展；三是通过加工贸易生产体系、自主生产体系、混合所有制生产体系之间的开放竞争，造就了充满活力和动态变化的中国经济发展；四是通过外向型经济发展，开了13亿中国人市场经济、国际化、知识经济的“窍”；五是致使我国经济顺利跨越了“低收入陷阱”，成为世界第二大国。

然而，在金融危机后，加工贸易生产体系和一般贸易生产体系各自有着转型升级的不同内在压力和要求。这就要求我国体制机制和政策的调整要有更强的针对性和适应性。在我国，这两元结构的贸易生产体系有着以下不同的特征：

(1)贸易顺差以跨国公司内部贸易为主。2010年，我国货物贸易总顺差是1830亿美元，其中加工贸易顺差3229亿美元，一般贸易逆差472亿美元。

(2)加工贸易的主要增值环节在国外。据中国科学院陈锡康教授的测算，我国加工贸易出口1美元所创造的附加值仅为0.2美元左右，而我国从美国进口1美元商品为美国创造的附加值则高达0.8美元。

(3)在发展方式上一些地方和部门存在着重视招商引资“领孩子”，而不愿培育内生性因素“养孩子”的扭曲。从而造成我国加工贸易体系长期被锁定在国际分工低端，转型升级主要靠优惠政策支持、经济福利让渡来引进国外资本新结构，缺少内生性增长动力的发展瓶颈约束。

(4)人民币升值对顺差的影响很不确定。我国二元结构的贸易体系，导致大跨国公司对人民币升值很不敏感，港澳台及国内中小贸易企业对升值的承受能力较低，这既制约了人民币升值的幅度和空间，也降低升值对顺差的政策调节效果。

(5)扩大进口以实现贸易平衡目标的效果也很不确定。如果加工贸易顺差增速快于一般贸易进口增速，其结果只会增加一般贸易逆差，而不一定会减少贸易总顺差。如果持续扩大一般贸易逆差的方式来平衡贸易收支，则产生进口的价值100%境外创造，所弥补的加工贸易顺差只有20%左右是本地创造，同时对国内制造和就业产生较大的冲击。其中采取放宽非生产性产品和服务进口，尤其是放宽奢侈性产品和服务进口，不仅无助于贸易收支平衡，反而可能会助长低收入阶层和不发达地区模仿高收入阶层和发达地区的高碳、奢侈、浪费的生活和生产方式之风。

（三）重视资本输出在调整贸易体系中的作用

关于发展模式的调整，国际上有一种说法，即美国应当扩大出口而中国应当扩大进口，通过中国扩大来自美国的出口来推动美国经济复苏，实现全球经济再平衡。实际上，在全球需求持续萎缩的情况下，美国采取促进出口翻番的战略，只会对外转嫁危机，加剧国际贸易摩擦和冲突。事实上，美国应当自主承受衰退和失业所带来的周期性调整的代价，调整其高碳的生产和生活方式，调整其过度依赖金融部门和虚拟经济的产业结构，调整其全球化即美国化的价值取向。同样，中国也需要转变其外向型发展战略，尤其是要通过扩大资本输出和加快推进“走出去”战略，将“被分工”的贸易体系改变为主动分工的贸易体系，建立自主的全球生产和贸易体系。

一是大力发展国际工序分工体系中的中高端制造和服务代工能力。应在国内逐步形成我国企业为跨国公司提供零部件配套的综合能力。同时通过资本输出和“走出去”战略，形成区域提供跨境配套和工序整合的综合能力。其中，部分产品是对日、韩、中国港澳台地区企业为跨国公司全球生产体系提供配套工序或环节的出口替代，部分产品是我国企业自主发展起来的从事加工贸易的跨境生产和服务能力。

二是大力发展境外经贸合作平台。我国的海关特殊监管区域，如综合保税区、保税港区、出口加工区、保税物流园区等，应当转型升级为真正意义上的“境内关外”的自由贸易园区。下一步则通过资本输出和“走出去”，进一步转型为境外的出口加工区、境外保税物流园区或境外综合保税区，成为建立我国区域和全球贸易生产体系的重要部分。

三是积极促进形成国际差异化分工体系中的中高端生产和服务的自主发展能力。两个贸易生产体系之间的优势互补、合作互动、相互学习，形成了“中国特色”的贸易增长方式转型机制。同时，通过资本输出和“走出去”，大力发展境外企业总部经济、研发设计中心、销售培训中心、物流供应链管理中心等，带动服务贸易出口的境外发展。

（四）重视资本输出在赢得定价权中的作用

经济意义上的开放大国是世界主要价格的决定者，而不是价格的追随者；是国际重要规则制定和修改的决定者，而不是规则的接受者；是国际重大责任的承担者或逆周期调节者，而不是责任推卸者或顺周期参与者。我国要真正成为大国经济，有能力掌控重要资源和能源的定价权，资本输入是一个重要的实现途径。包括通过资本输出掌握跨境能源和资源，通过跨国并购参股控股能源和资源性跨国公司，通过资本输入造就国际远期和衍生品交易的重要做市商，逐步取得国际大宗商品或其他市场的话语权和定价权。

表7－2 定价权的主要影响因素

	因素	选择
定价权的主要决定因素	长期合同定价	价格的决定者还是接受者
	期货定价	规则的制定者还是追随者
	现货定价	责任的担当者和逆周期调节者还是责任的逃避者
获得定价权的主要影响因素	国际经验和人才	参与国际交换和竞争获取经验
	远期和衍生工具的造市者	“走出去”取得资源和能源
	开放大国	培育人才、市场主体和高端市场控制力
获得定价权的战略	统一对外	建立大宗商品进口或出口协调机制
	两面下注	既做大买家，又通过资本输出持股卖家
	战略储备	通过资本输出获得资源能源储备
	统一战线	建立共享、互利的利益共同体

三、资本输出和“走出去”战略的重点转变

（一）“十五”纲要首次提出“走出去”战略

在2001年公布的《国民经济和社会发展第十个五年计划纲要》中，首次提出了“鼓励能够发挥我国比较优势的对外投资，扩大国际经济技术合作的领域、途径和方式。继续发展对外承包工程和劳务合作，鼓励有竞争优势的企业开发境外加工贸易，带动产品、服务和技术出口。支持到境外合作开发国内短缺资源，促进国内产业结构调整和资源置换。鼓励企业利用国外智力资源，在境外设立研究开发机构和设计中心。支持有实力的企业跨国经

营,实现国际化发展。健全对境外投资的服务体系,在金融、保险、外汇、财税、人才、法律、信息服务、出入境管理等方面,为实施'走出去'战略创造条件。完善境外投资企业的法人治理结构和内部约束机制,规范对外投资的监管"。

从中可以看到,实施"走出去"战略重点包括:一是鼓励能够发挥我国比较优势的对外投资;二是鼓励有竞争优势的企业开发境外加工贸易;三是支持到境外合作开发国内短缺资源;四是鼓励企业利用国外智力资源;五是支持有实力的企业跨国经营。为此,要求健全对境外投资的服务体系,完善境外投资企业的法人治理结构和内部约束机制,规范对外投资的监管等保障措施。国家有关方面也出台了一系列鼓励性措施。如 2003 年商务部发布《关于做好境外投资审批试点工作有关问题的通知》,在北京等 12 个省市进行了下放境外投资审批权限、简化审批手续的改革试点。2003 年,国家外汇管理局取消了境外投资外汇风险审查、境外投资利润汇回保证金审批等 26 项行政审批项目,退还了已收取的境外投资的汇回利润保证金,并允许境外企业产生的利润用于境外企业的增资或者在境外再投资。2004 年 7 月,国务院《关于投资体制改革的决定》改革了项目审批制度,对于企业不使用政府投资建设的项目,一律不再实行审批制,区别不同情况实行核准制和备案制,并明确了国家发改委、商务部等部门核准、备案的有关规定及权限。2005 年 12 月,《对外经济技术合作专项资金管理办法》出台,对境外投资等业务采取直接补助或贴息等方式给予支持;每一个经商务部批准设立的境外经贸合作区,国家都将给予 2 亿 ~ 3 亿元人民币的财政支持和不超过 20 亿元人民币的中长期贷款。

(二)"十一五"纲要提出支持有条件的企业"走出去"

2005 年 10 月,中央"十一五"建议提出支持有条件的企业"走出去",在 2006 年公布的《国民经济和社会发展第十一个五年规划纲要》中提出,"支持有条件的企业对外直接投资和跨国经营。以优势产业为重点,引导企业开展境外加工贸易,促进产品原产地多元化。通过跨国并购、参股、上市、重组联合等方式,培育和发展我国的跨国公司。按照优势互补、平等互利的原则扩大境外资源合作开发。鼓励企业参与境外基础设施建设,提高工程承包水平,稳步发展劳务合作。完善境外投资促进和保障体系,加强对境外投资的统筹协调、风险管理和海外国有资产监管”。

“十一五”纲要与“十五”相比，对“走出去”战略提出了一些新要求：一是强调以优势产业为重点，促进产品原产地多元化；二是通过多种方式，培育和发展我国的跨国公司；三是鼓励企业参与境外基础设施建设。为此，国家各个部门都制定了一系列新措施。如2007年5月，由国家开发银行100%控股的中非发展基金有限公司注册成立，注册资本约10亿美元，二期将增至30亿美元，最终达到50亿美元，以股权和准股权投资等方式支持中国企业对非洲的海外投资。2007年，国家税务总局的《关于做好我国企业境外投资税收服务与管理工作的意见》。我国有关部门定期发布《国别贸易投资环境报告》、《对外投资国别产业导向目录》、《境外加工贸易国别指导目录》。实施和修订《对外直接投资统计制度》、《境外投资联合年检暂行办法》、《境外投资综合绩效评价办法（试行）》、《成立境外中资企业商会（协会）的暂行规定》等。2009年5月1日起实施《境外投资管理办法》，简化、便利和规范对外投资。发布162个国家和地区的《对外投资合作国别（地区）指南》，建成“对外投资合作信息服务系统”。这些措施都有利促进了有条件企业“走出去”的进程。

（三）“十二五”纲要提出加快实施“走出去”战略

2010年3月，国家“十二五”规划纲要提出，“按照市场导向和企业自主决策原则，引导各类所有制企业有序开展境外投资合作。深化国际能源资源开发和加工互利合作。支持在境外开展技术研发投资合作，鼓励制造业优势企业有效对外投资，创建国际化营销网络和知名品牌。扩大农业国际合作，发展海外工程承包和劳务合作，积极开展有利于改善当地民生的项目合作。逐步发展我国大型跨国公司和跨国金融机构，提高国际化经营水平。做好海外投资环境研究，强化投资项目的科学评估。提高综合统筹能力，完善跨部门协调机制，加强实施‘走出去’战略的宏观指导和服务。加快完善对外投资法律法规制度，积极商签投资保护、避免双重征税等多双边协定。健全境外投资促进体系，提高企业对外投资便利化程度，维护我国海外权益，防范各类风险。‘走出去’的企业和境外合作项目，要履行社会责任，造福当地人民”。

与“十五”、“十一五”相比，“十二五”纲要增加了一些新的更高的要求。

一是创建国际化营销网络和知名品牌;二是积极开展有利于改善当地民生的项目合作;三是逐步发展我国大型跨国公司和跨国金融机构;四是加快完善对外投资法律法规制度,健全境外投资促进体系,履行社会责任,造福当地人民。由此可见,从“十五”时期提出“走出去”战略,到“十二五”时期明确要加快实施“走出去”战略,反映了我国对外开放已经从鼓励出口和重视“引进来”,到了出口和进口并重、“引进来”和“走出去”并重的新阶段。为此,中国不仅在“十二五”规划纲要的基础上,编制了“十二五”时期培育国际合作与竞争新优势的专项规划,而且将制定指导加快实施“走出去”战略的统筹协调机制和相关配套政策体系。

四、我国企业资本输出和“走出去”的主要方式

(一)新建投资和跨国并购是“走出去”的主要形式

对海外直接投资,主要有新建(绿地)投资和跨国并购两种形式。新建投资项目往往从征地、七通一平、盖厂房、安装设备、招聘工人和管理人员,直到产供销、内外贸模式的建成。跨国并购主要通过收购和兼并境外资产的股权实现的。随着世界经济的日益开放,通过股权并购实现全球强强联合,打造全球行业内的巨无霸,成为国际投资的主流新趋势。

然而,全球范围内的跨国并购成功率很低。麦肯锡公司曾研究了1990－1995年的150起并购案例(个案金额都在5亿美元以上),发现并购后管理不善、交流沟通不够、留不住骨干人员、组织调整失效、企业文化差异大,是导致并购失败的主因。世界上企业并购成功率约34%。如日本企业曾大举进军美国,收购了美国洛克菲勒中心、哥伦比亚影业、7－11连锁便利店等,在美国引起巨大恐慌。但是,20年过去,日本企业的海外投资损失惨重。

(二)全球直接投资的基本趋势

2000年和2007年是全球直接投资增长的两个创纪录年份。2007年全球直接投资总额达到1.833万亿美元,超过2000年1.411万亿美元的历史记录。其增长主因是跨国公司并购活动增多。2006年全球FDI资本流入量

1.306万亿美元，跨国并购额为8800亿美元。其中金融保险业成交额1564亿美元，增长43.8%；电子通信1090亿美元，增长49.5%；矿业604亿美元，增长4.4倍。发展中国家的跨国并购成交额为1595亿美元，增长71.9%。

联合国贸易和发展组织（UNCTAD）2010年7月发布的《2010年世界投资报告》显示，随着美国金融危机爆发，2008年和2009年，全球直接投资分别下降16%和37%。其中2009年，全球资本流入量降至11140亿美元，其中跨国并购仅2500亿美元，降幅34%，大于绿地投资15%的降幅。制造业跨境并购下降77%，初级部门和服务业分别下降47%和57%，其中金融并购额下降87%。电力、天然气和供水，电子设备、建筑和电信引资超2008年。私募股权投资基金的直接投资下降65%，而主权基金直接外资增长15%。另外，2009年，发展中和转型中经济体FDI流入量降至5480亿美元，下降27%。2010年11月5日发布的《G20投资政策报告》中显示，2000—2009年，投资政策中的限制性措施比重从2%上升到30%，投资自由化和促进措施从98%下降到70%。

联合国贸易和发展组织（UNCTAD）2010年9月7日发布的《2010—2012年世界投资前景调查报告》预计，全球直接投资流入量在2010年约1.2万亿美元，2011年约1.3万亿～1.5万亿美元，2012年约1.6万亿～2万亿美元。其中发展中和转型中经济体吸引的海外投资占1/2，对外投资占1/4，它们作为全球直接投资目的地和来源地的重要性在上升。尤其是金砖国家成为当前全球直接投资的重点地区。

（三）我国资本输出的未来趋势

我国加快“走出去”的基本动因，一是通过加快“走出去”，实现顺差的对外转移，减缓贸易摩擦；二是通过加快“走出去”，扩张市场和企业的经济规模。即使中国有13亿人口的大市场，但企业也不会放弃海外50亿人口的更大市场。三是通过“走出去”投资开发利用国外的资源和本国短缺的生产要素。包括在国外市场配置企业供应链，通过跨国并购，带动中国优势产品的对外销售、售后服务和海外市场布局；四是通过4.13万亿美元对外金融资产的再配置（截至2010年年底），推动我国企业的贸易和生产体系“走出去”，同时带动相关生产性服务链条“走出去”，实现经济国际化程度的不断提高。到2015年年底，预计我国“引进来”与“走出去”的规模将旗鼓相当。

问题是,现阶段国际资本大规模进入新兴经济体的趋势会成为长期可持续的现象吗？当前,发达国家与发展中国家经济之间呈现出“冰火两重天”的特征。即自1990年以来主要发达国家接连经历了信息技术泡沫和金融楼市泡沫,造就了历史上最持久的“新经济繁荣”和“非理性繁荣”周期。当虚拟经济泡沫破灭时,美日欧经济必然会陷入一个深度调整时期,国际资本会撤离欧美,进入新兴市场。但从长期看,一旦发达国家在短期走向经济复苏,中长期完成其结构调整,国际资本的流动方向会再次发生逆转,出现国际资本重返欧美的趋势。发展中国家与发达国家之间的发展差距仍可能进一步拉大而不是缩小。

五、积极探索资本输出创造出口需求的新模式

（一）把握全球资本流动结构调整的重要时期，创造出口需求

一是大力支持和鼓励政策性金融机构、商业性金融机构以及相关服务“走出去”,通过人民币优惠贷款、出口信贷、对外人民币援助等方式创造出口需求。如中国与委内瑞拉建立了总额为100亿美元和700亿人民币的中委大额融资基金以扩大两国的贸易往来。同时研究建立中委货币互换协议和人民币作为委储备货币的可行性。利用人民币贷款,扩大中国技术设备、日用消费品和劳务出口。

二是加快推进人民币“走出去”和区域化、国际化步伐,通过扩大双边或多边货币互换、跨境人民币贸易结算、离岸人民币金融市场体系建设、境外人民币直接投资、人民币国际储备等途径,创造多元化、多层次、多区域的出口需求。

三是积极推动中国全球性金融中心建设,尤其是发挥好上海在岸人民币国际金融中心和香港离岸人民币国际金融中心双轨制协同优势,促进内地金融深化、金融市场化和国际化的同时,提升香港金融为实体经济服务、为科技创新服务、为创造高端出口需求服务的综合能力,合作打造资本输出的多元化体系,共同创造出口新需求。

（二）把握全球产业结构调整的关键时期，通过资本输出创造出口需求

一是逐步形成跨国投资、跨境服务、跨境布局的竞争实力,如重视研发、

设计、创意；银行、货币、投资、保险；仓储、运输、供应链管理；咨询、资讯、专业服务等领域的投资。

二是逐步把产品价值链的工序和环节延伸扩展到境外，形成跨境经营的综合竞争实力。包括新一代信息技术；节能环保；新能源；生物；高端装备制造；新材料；新能源汽车等。其中具有明显规模经济效应的产业，如重化工业体系、重大装备制造业与中高端消费相关的轻加工制造业，通过“走出去”建立区域乃至全球生产体系。

三是纺织、服务、箱包、鞋帽、玩具等传统产业通过对外投资建立境外开发区（境外经贸合作区），把产品的加工组装、销售网络、售后服务以及产品设计开发等工序和环节延伸扩展到目标市场区。

（三）把握全球创新竞争白热化的重要时期，通过资本输出创造出口需求

一是从代工向自主生产模式转换。当欧美市场需求不景气的情况下，代工企业很难发展。应通过“走出去”，形成新兴市场的研发设计、生产加工、物流分销的综合运作能力。

二是利用劳动力密集型加工组装的末道工序向上道工序提升，差异化分工从同类产品的低端向中高端提升的机遇，通过直接投资方式把一些淘汰的设备和工序转移到中西部或周边国家和地区，既利用成本更低地区的要素禀赋优势，也利用倒逼机制完成结构调整。

三是通过开放竞争和实施“走出去”战略，到发达国家建立研发、设计、创意中心，通过国际基础、应用和开发研究合作，增强企业的技术创新能力。

（四）把握全球市场需求不足供给过剩的调整时期，通过资本输出创造出口需求

一是在国内需求引导下全球优质要素将向中国集聚，东部地区成为统筹内外需的新增长级。应依托国内竞争优势，实施经济国际化战略“走出去”。

二是积极发展跨境服务贸易和投资。目前广东根据《珠江三角洲地区改革发展规划纲要》，提出深化粤港合作，重点发展金融、旅游、物流、会展、专业服务、服务外包、文化创意、工业设计八大服务行业，实现环境和规则与港澳对接，共同打造世界级都市圈。上海根据《国务院关于推进上海加快发展现代服务业和先进制造业建设国际金融中心和国际航运中心的意见》，提出2020年基本建成与我经济实力相适应的国际金融中心；具有全球航运资源配置能力的国际航运中心。这为企业发展跨境服务提供条件。

三是跟随国家自由贸易区战略“走出去”。截至2009年年底，我国正与五大洲的31个国家和地区研究推动14个自贸区(FTA)建设项目，签署自贸协定8个，其中已实施的有7个。中国内地和港澳签订的《更紧密经贸关系安排》，2010年6月底中国大陆与台湾地区签订的《海峡两岸经济合作框架协议》，2010年中国与东盟自贸区协议全面实施。企业海外投资跟着国家自贸区战略走是一种选择。

（五）把握培育参与国际合作与竞争新优势的机遇，通过资本输出创造出口需求

一是逐步建立我国对外金融投资组合、对外直接投资组合和战略性资源储备组合的合理结构，将外汇流量资产转换为战略性资源的存量资产。

二是加快推进生产国际化进程。逐步建立对外贸易、对外投资、人民币、银行、生产体系、综合物流、分销网络、研发和设计中心等环节的区域化和全球化布局。

三是研究制定适用于新兴经济体和发展中国家不同发展阶段的绿色标准、就业机会创造标准、扶贫标准、市场开放及商业和金融监督标准等体制机制，鼓励低碳、绿色、透明、包容性发展。

（执笔人：张燕生）

| 第八章 |

进一步推动加工贸易转型升级研究

——东莞调研思考

中共十六届三中全会最早提出“着力吸引跨国公司把更高技术水平、更大增值含量的加工制造环节和研发机构转移到我国，引导加工贸易转型升级”的要求。加工贸易是我国在低要素成本基础上参与国际分工的产物；加工贸易转型升级，则是在我国要素比较优势、贸易利益诉求和外部贸易环境都发生动态变化的情况下，针对加工贸易原有模式存在的问题而提出的解决思路。

东莞是依托加工贸易崛起的典型城市，是全国加工贸易之都。东莞加工贸易转型升级的方向，很大程度上会成为全国加工贸易转型升级的风向标。2010 年 12 月 26 ~ 31 日，国家发改委对外经济研究所课题组赴东莞，就东莞加工贸易转型升级问题进行了调研。课题组走访了 22 家企业，从主体看，涵盖了港资、台资、日资、韩资加工贸易企业和内资民营企业；从行业看，既有毛纺、服装、制鞋、家具、玩具等传统产品制造企业，也有手机、相机、机电设备等机电和高技术产品制造企业。课题组还与东莞大朗镇、大岭山镇、虎门镇等加工贸易产业集群所在地有关领导进行了交流。现将调研发现和思考总结如下。

一、我国对外贸易体系的二元结构特征

20 世纪 90 年代以来，随着经济全球化和国际产业转移进程的加快，我

国对外贸易体系呈现一般贸易与加工贸易各占近半壁江山的二元结构特征。这两种贸易体系，在产生基础、贸易主体、贸易方式、贸易差额、面临问题等方面，都呈现出显著的不同。

（一）产生基础不同

一般贸易大部分属于传统的产业间贸易范畴，比如我国从亚非拉不发达国家进口农矿产品，而向这些国家出口轻工业制成品；从欧美发达国家进口先进机电设备和高技术产品，而向这些国家出口钢铁、铝材等重化工产品。

产业间贸易建立的基础是传统的比较优势理论。新古典贸易理论中的赫克谢尔—俄林模型是解释产业间贸易的经典模型。该模型认为，由于各国生产要素禀赋不同，在国际贸易中，一国将出口那种相对密集地使用其富余生产要素的产品，而进口那种相对密集地使用其稀缺生产要素的产品。

我国一般贸易的出口产品结构与国内产能周期紧密相连。20 世纪 90 年代，随着劳动密集型传统产品产能扩张，纺织、服装、箱包、制鞋等成为我国一般贸易出口的主要产品。2000 年后，随着我国进入重化工业为主的阶段，重化工产能大大扩张，重化工产品出口激增便成为我国一般贸易出口的一个显著特征。2009 年，我国钢材、铝材和铜材的出口额分别较 2000 年增长 8. 99、13. 37 和 4. 35 倍，远高于同期总出口额 3. 82 倍的增长幅度。

加工贸易则是建立在产品内分工基础上的一种贸易方式，这种贸易方式兴起于第三次科技革命和经济全球化的大潮中。产品内分工指的是产品生产过程的不同工序或环节在空间上发生离散化，分布在地理距离较远的不同位置的一种分工现象。按照产品生产工序分散的地域范围，产品内分工包括国内产品内分工和国际产品内分工两种形态。产品内分工产生的基础在于：1. 产品生产过程能够拆分为不同的工序或环节，并且这些工序和环节在技术上具备空间分散的可能性；2. 不同工序或环节需要不同的要素投入组合，有的环节比如研发和设计，需要技术的密集投入，而有的环节比如组装，则需要劳动的密集投入；3. 不同国家和地区具备不同的要素比较优势；4. 交通和信息技术的发展，使得工序分散化给跨国公司带来的运输和通信成本，不足以抵消按照比较优势原理进行工序分工所带来的收益。

Dixit 和 Grossman（1982）考察多区段生产系统的不同工序和环节如何在

不同国家进行分布,提出了推动产品内分工的两个因素:一是比较优势,二是规模报酬递增。我国加工贸易正是建立在我国充裕的低端劳动力这一要素比较优势的基础上,跨国公司布局在我国主要是劳动密集型的简单零部件生产和组装环节。尽管我国加工贸易的出口产品经历了以传统产品为主向机电和高技术产品为主的转变,但我国在跨国公司全球供应链中的地位并没有实质性改变。

(二)贸易主体不同

一般贸易的主体以内资企业为主,加工贸易的主体则以外商投资企业为主。不过,2001—2009 年,外商投资企业,特别是外商独资企业在一般贸易和加工贸易进出口中的地位都有较明显的上升。

表 1　2001—2009 年一般贸易进出口中各类企业所占比重

	国有企业比重(%)	中外合作企业比重(%)	中外合资企业比重(%)	外商独资企业比重(%)	集体企业比重(%)	私营企业比重(%)	内资企业比重(%)	外资企业比重(%)
2001	65.6	1.5	16.4	6.2	6.5	3.0	75.1	24.1
2002	60.5	1.6	15.5	8.0	7.1	7.1	74.7	25.0
2003	54.2	1.5	16.0	9.4	7.0	11.9	73.1	26.9
2004	48.2	1.3	15.8	10.6	7.0	17.1	72.3	27.7
2005	43.7	1.1	15.0	12.1	6.6	21.5	71.8	28.2
2006	38.7	0.9	15.1	13.9	5.7	25.5	69.8	29.9
2007	35.5	0.8	14.8	15.3	5.2	28.1	68.8	30.9
2008	35.9	0.8	14.1	15.6	5.0	28.2	69.1	30.5
2009	31.3	0.8	14.0	17.1	4.7	31.8	67.8	31.9

资料来源:《中国海关年鉴》(2001—2009),并经笔者计算整理

表 2　2001—2009 年加工贸易进出口中各类企业所占比重

	国有企业比重(%)	中外合作企业比重(%)	中外合资企业比重(%)	外商独资企业比重(%)	集体企业比重(%)	私营企业比重(%)	内资企业比重(%)	外资企业比重(%)
2001	23.6	5.6	25.6	42.1	2.8	0.3	26.7	73.3
2002	21.0	4.9	23.1	47.7	2.7	0.7	24.3	75.7
2003	15.6	4.1	21.7	53.7	2.5	2.3	20.4	79.6
2004	13.0	3.3	21.1	57.4	2.2	2.9	18.1	81.9

续表

	国有企业比重(%)	中外合作企业比重(%)	中外合资企业比重(%)	外商独资企业比重(%)	集体企业比重(%)	私营企业比重(%)	内资企业比重(%)	外资企业比重(%)
2005	11.0	2.5	20.0	61.1	2.1	3.2	16.3	83.7
2006	10.0	2.3	18.6	63.9	1.7	3.4	15.2	84.8
2007	9.9	1.8	17.7	64.8	1.6	4.0	15.5	84.3
2008	9.2	1.6	17.7	65.2	1.5	4.5	15.3	84.5
2009	9.2	1.3	17.2	65.6	1.4	5.1	15.7	84.1

资料来源:《中国海关年鉴》(2001—2009),并经笔者计算整理

(三)贸易方式不同

加工贸易企业只承担跨国公司全球供应链中的一个环节,加工贸易进出口常常发生在跨国公司母子公司之间,或同一跨国公司的不同子公司之间,或不同的跨国公司之间,属于跨国公司内部贸易。我国加工贸易企业往往处于增值率最低的简单加工和组装环节。企业按照跨国公司的订单要求进行生产并交货,不承担海外市场开拓风险,能够分享的增值率也就比较低,一般在20%左右。

一般贸易企业,特别是内资企业,则没有进入跨国公司的全球供应链,要独立承担产品市场开拓的风险。

(四)贸易差额不同

1998年开始,加工贸易顺差成为我国贸易顺差的主要来源。

表3 1998—2010年我国贸易差额情况 单位:亿美元

	总顺差	一般贸易顺差	加工贸易顺差	其他贸易顺差	一般贸易顺差比重(%)	加工贸易顺差比重(%)	其他贸易顺差比重(%)
1998	434.74	305.55	358.55	-229.36	70.28	82.47	-52.76
1999	292.32	120.95	373.04	-201.67	41.38	127.61	-68.99
2000	241.09	51.02	450.94	-260.87	21.16	187.04	-108.20
2001	225.45	-15.75	534.59	-293.40	-6.99	237.13	-130.14
2002	304.26	70.76	577.27	-343.77	23.26	189.73	-112.98

续表

	总顺差	一般贸易顺差	加工贸易顺差	其他贸易顺差	一般贸易顺差比重(%)	加工贸易顺差比重(%)	其他贸易顺差比重(%)
2003	255.53	-56.17	789.47	-477.77	-21.98	308.95	-186.97
2004	320.90	-45.39	1062.76	-696.47	-14.14	331.18	-217.03
2005	1020.00	354.30	1424.55	-758.85	34.74	139.66	-74.40
2006	1774.75	831.26	1888.83	-945.34	46.84	106.43	-53.27
2007	2618.25	1098.44	2490.85	-971.03	41.95	95.13	-37.09
2008	2981.31	907.69	2967.36	-893.75	30.45	99.53	-29.98
2009	1956.88	-46.57	2645.71	-642.26	-2.38	135.20	-32.82
2010	1831.01	-472.44	3229.04	-925.56	25.8%	176.35	50.5

资料来源：《中国统计年鉴2008》、《中国海关年鉴2009》、中国海关网站，并经笔者计算整理

二、加工贸易的历史贡献

改革开放30多年来，加工贸易作为连接国内国外两种资源、两个市场的有效形式，实现了国家、地方、外商和农民工的四方共赢。

首先，加工贸易解决了我国资本和外汇双缺口的问题。世界银行前副行长钱纳里认为，发展中国家经济起飞面临资本与外汇短缺的难题。由于资本短缺，发展中国家农村富余劳动力无法转化为产业工人，提高劳动生产率；由于外汇短缺，发展中国家无法进口先进技术和设备，对国内生产能力进行改造和提升。我国改革开放之初，同样面临这两大难题。加工贸易为我国解决这两大难题提供了有效途径。一方面，加工贸易带来了外商直接投资，解决了我国资本短缺的问题；另一方面，加工贸易通过引入外资和创造顺差，又分别从资本项目与经常项目下解决了我国外汇短缺的问题。

其次，加工贸易启动了内生增长因素，带动了加工贸易所在地的民营经济发展。一是加工工序外发带动了民营企业的协作配套，提升了民营企业的生产能力。二是加工贸易技术与管理外溢效应推动了民营企业的技术与管理进步，比如东莞的不少民营企业家先前都曾在加工贸易企业中工作，从第一线的制造人员逐步到企业的中层甚至高层管理者，积累了大量的技术和管理经验。三是加工贸易产业集群为民营企业发展相关服务业，包括酒

店、会展、旅游等提供了广阔商机。

第三，加工贸易直接推动了地方工业化和城市化进程，实现了一部分地区率先富裕起来，并通过农民工的流动，带动了落后地区发展。珠三角、长三角许多城市的兴起，都与加工贸易有着密切的关系，其中东莞是个典型。加工贸易推动东莞从一个农业占主导地位的小县城，发展成为新兴的工业化大城市，全市三次产业比重从1978年的44.6∶43.8∶11.6调整优化为2009年的0.4∶47.1∶52.5。

第四，加工贸易为农村富余劳动力提供了就业岗位，提高了农民收入，并推动农民向产业工人转化。以东莞为例，20多年间东莞加工贸易直接和间接提供的劳动就业岗位超过2000万个。加工贸易使农民从农村边际产出几乎为零的状态下摆脱出来，从只能接受农村平均产出作为制度工资的低收入水平下摆脱出来，实现了农民整体收入的提升。目前，务工收入已成为农村居民的主要收入来源之一。1990—2008年，工资性收入占农村居民家庭收入的比重，从14%上升至27.7%。同时，通过加工贸易生产和管理的训练，农民工直接面对国际市场的高标准要求，积累了丰富的劳动技能，开拓了视野，更新了观念，转化为了现代产业工人，对于我国的城市化进程和社会形态转型有着至关重要的意义。

三、目前有关加工贸易存在问题的若干观点

首先，有观点认为加工贸易处于全球产业链的低端环节，增值率不高。但事实上，这是我国要素比较优势的必然结果。跨国公司在全球进行资源配置的基本原则是：按照要素比较优势，寻找要素价格低地，将最合适的产业工序配置在当地。改革开放后很长一段时间内，我国的要素比较优势在于我国拥有丰富的低素质劳动力，这决定了跨国公司布局在我国的必然是劳动密集型工序，而我国在全球产品内分工中的地位也必然集中在劳动密集型环节。因此，处于产业链低端环节并非加工贸易之过，而是我国按照要素比较优势参与国际分工的必然结果。

其次，有观点认为加工贸易带来了大量贸易顺差，积累了大量外汇储备，导致国内流动性过剩，并成为贸易摩擦的重要根源。但事实上，一方面，创汇本来就是我国改革开放后很长一段时间内的战略目标。这在“六五”、

“七五”、“八五”和“九五”计划中都有明确表述。加工贸易只是顺应我国这一战略目标的产物而已。同时，加工贸易大量创汇并非问题，问题在于积累的外汇如何有效利用，以及如何将外汇积累的不利影响降到最低。有效利用外汇需要改变我国对外金融资产结构，从外汇储备占主要比重转化为对外直接投资、对外金融投资、战略资源储备、人力资本投资和外汇储备五大部分并重的多元化格局；而按照蒙代尔不可能三角原理，外汇涌入导致国内流动性过剩，主要原因在于我国汇率制度缺乏弹性，无法将外汇涌入的影响通过汇率调整予以化解。这些都不能说是加工贸易的过错。另一方面，国外对我国发起贸易摩擦，特别是发达国家对我国的贸易摩擦，往往以贸易顺差为借口。但到目前为止，贸易摩擦多针对民营企业和一般贸易产品。1995 年后，国外对我国发起的反倾销调查产品，90% 以上是民营企业通过一般贸易方式出口的。

第三，有观点认为加工贸易带来了能源消耗、环境污染等问题。但事实上，能源消耗和环境污染问题并不必然与加工贸易相伴随。一方面，由于许多高能耗、高污染的产品列入了加工贸易限制或禁止类产品目录中，目前这些产品在我国加工贸易中的比重已不高，机电和高新技术产品已成为我国加工贸易的主体。东莞作为加工贸易之都，却是一个空气、水质等方面都较好的宜居城市。另一方面，加工贸易产品面对国际市场，要接受较国内更为严格的国际环境标准的检验，加工贸易企业对能源消耗和环境污染更加谨慎。

四、东莞加工贸易转型升级情况

东莞加工贸易转型升级可大致分为两个阶段，以 2008 年 9 月广东省人民政府发布《关于促进加工贸易转型升级的若干意见》为转折点。前一阶段是企业自发转型升级阶段，主要特点是：加工贸易企业自发推动产品结构升级，自发增加研发、设计投入，自发创立自有品牌或并购国外品牌，自发调整企业区域布局，向东部不发达地区或中西部地区转移劳动密集型加工制造工序。自广东省人民政府发布该意见以来，东莞加工贸易进入“政府为引导，企业为主体，市场为指针”的自觉转型升级阶段，主要特点是：政府将加工贸易转型升级作为破解发展难题、迈入发展新阶段的战略任务，有意识地引导加工贸易朝着政府希望的方向进行转型升级；而企业则在政府引导下，按照市场要求，自觉加快了转型升级步伐。

东莞加工贸易转型升级大致有五条路径。

第一条是产品升级，通过改善工艺流程和技术水平，实现加工贸易产品的更新换代。产品升级有助于带动企业增加研发、设计投入，提高产品附加值。比如，东莞三星电机有限公司2003年前主要从事键盘、鼠标、扬声器等劳动密集型、低附加值的产品制造，利润率逐年下滑。2003年开始，该企业调整产品结构，转向电源、电容、手机摄像头、HDD马达等中高端产品，迅速扭亏为盈。产品更新换代过程伴随着该企业内部管理系统的革新和研发投入的增加。

第二条是产业升级，通过从传统产业转向高技术产业，实现企业发展模式的转型，整体提升企业质量。比如，东莞光阵显示器制品有限公司过去主要从事家庭厨用电器的加工制造，原材料、技术、品牌、市场都依赖海外，是典型的加工贸易企业；后来转向新型安防产品、多媒体产品、电子内窥镜、高端医疗器械等产业，成为技术密集型和内销为主的高科技企业。

第三条是从简单零部件生产和组装环节向产业链上下游环节延伸。一是海外母公司逐步将研发、设计、财务等总部经济要素转移至东莞，为当地的加工贸易子公司提供高增值服务。比如，东莞寮步铨讯电子厂以加工制造数码相机及其零部件为主，原先只是中国台湾总部的卫星工厂。目前，中国台湾总公司正将研发部门和设计部门逐步转移至东莞。二是东莞加工贸易企业自身设立研发机构，增加研发设计投入。比如，东莞龙昌数码科技公司以生产智能玩具为主，该公司设立了自己的研究院并招收博士后，从事智能玩具的研发设计。三是政府搭建公共创新平台，为加工贸易企业提供低价或免费的研发设计服务。比如，东莞市大朗镇是全国知名的毛纺织产品之都。该镇由政府出资设立毛纺织产品设计中心，为东莞本地的毛纺织企业免费提供产品设计服务。四是通过扩大内销逐步探索建立企业自身的营销体系。比如，东莞龙昌公司2009年成立龙昌中国营销中心，重新规划国内市场战略目标和架构体系，成立营销策划部，开拓多元化销售渠道特别是电子商务，并将部分自主品牌产品设立商场专柜。

第四条是实施品牌战略。加工贸易企业过去多采取贴牌的发展模式。近年来，东莞一些加工贸易企业开始注重品牌战略，通过拥有品牌实现产品更高的增值率。一是并购国外品牌,比如东莞创科实业公司以生产电动工具为主,近年来并购了美国、德国的若干著名品牌,大大扩展了该企业在欧美市场的销售。二是创立自有品牌。比如,东莞光阵公司创立了“光阵”品牌,已获国家商标局授权。

第五条是加工贸易区域分布的战略调整。从2005年开始,东莞就与广东省内欠发达地区合建了9个产业转移园,有序转移不适合继续留在东莞的劳动密集型加工环节,并加强转移园与东莞产业的配套合作。

目前来看,东莞加工贸易转型升级呈现“三易三难”的特点:

一是大型企业转型升级易,中小型企业转型升级难,主要原因是大型企业实力雄厚,抗市场风险能力较强,在研发、设计、品牌和营销渠道建设方面具有更大的潜力与发展空间;而中小企业由于实力较弱,往往会被锁定在低端的加工组装环节。

二是高技术产品制造企业转型升级易,传统产品制造企业转型升级难,主要原因在于高技术产品研发空间较大,产品可不断更新换代,创立自有品牌的潜力较大,而传统产品技术已相当成熟,品牌格局也已相当稳定,加工贸易企业一般只能在设计上下工夫。

三是港台地区企业向内地转移总部经济要素易,日韩和欧美企业向中国大陆转移总部经济要素难,主要原因在于日韩和欧美企业向内地转移研发设计部门有更多的技术流失的顾虑,而国外政府甚至也会设置阻力。比如美中经济与安全评估委员会递呈美国国会的2009年报告中就明确提出,应阻止纽约州东部地区的企业向我国转移研发部门。

五、下一步全国加工贸易转型升级方向

加工贸易转型升级,是市场力量和政策力量共同推动的结果。下一步全国加工贸易转型升级,依然应坚持“政府为引导,企业为主体,市场为指针”的原则,有保有促,推动多层次、多区域加工贸易体系的形成,实现国家、地方、企业和农民工的四方共赢。

目前,市场环境的变化构成了加工贸易企业自发转型升级的强大动力。首先,要素成本上升情况下,加工贸易企业必须加快产品、产业升级换代,加大研发和设计力度,努力创造自有品牌,才能保持利润率不致下降过快,进

而得到提升。其次,人民币升值和国际市场前景不明朗的情况下,加工贸易企业愿意抓住内地扩大内需的机遇,加大国内采购比重和内销力度,建设自有品牌和营销渠道。

政府政策应顺应这一过程,从四个层次上推动加工贸易的转型升级:第一层次是加工贸易企业的转型升级;第二层次是加工贸易与内生经济因素关系的转型升级;第三层次是加工贸易区域布局的转型升级;第四层次是加工贸易市场环境和政策环境的转型升级。

(一)推动加工贸易企业的转型升级

一是推动加工贸易企业向产业价值链的上游拓展。产业价值链一般可划分为三大区段:上游是技术、资本密集型区段,包括研发、设计、复杂零部件生产等环节;中游是劳动密集型区段,包括简单零部件生产和组装环节;下游是知识与信息密集型区段,包括营销、生产性服务等环节。上下游区段的增值率较高,中游区段增值率较低,组装环节的增值率最低。整个产业价值链形成U型的“微笑曲线”。不过,在一国范围内,劳动力可以自由流动,产业价值链三大区段中简单劳动力的工资率会趋同,其增值率不同体现的主要是人力资本回报的差异。而在全球范围内,由于劳动力不能完全自由流动,产业价值链三大区段的增值差异,就不仅仅体现人力资本回报的不同,而且包含不同地区简单劳动力的工资差异。因此,全球产业价值链要比国内产业价值链凹度更大。

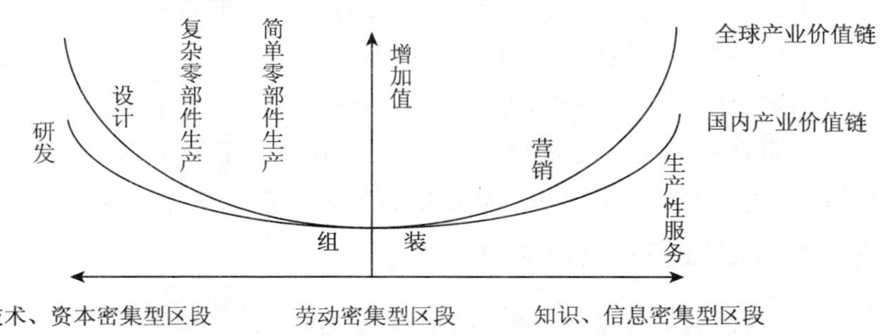

图8-1　产业价值链微笑曲线

下一步,要推动加工贸易企业遵循“组装→简单零部件生产→复杂零部件生产→设计→研发”的路径,增加加工贸易企业的总部经济要素,推动加工贸易企业从 OEM 向 ODM 转化。我国要素比较优势已发生动态变化，从单纯拥有丰富的低端劳动力，开始转向低端劳动力有限剩余和人力资本存量显著增加并存。人力资本的显著增加，有利于加工贸易企业从事具有更高增值环节的复杂零部件生产、设计和研发等业务。

二是推动加工贸易企业实施品牌战略，推动加工贸易企业由代工和贴牌向 OBM 转化。一方面鼓励加工贸易企业并购国外品牌，另一方面推动加工贸易创立自有品牌，切实解决加工贸易企业在实施品牌战略过程中的资金、信息等难题。在创立自有品牌的过程中，可首先鼓励加工贸易企业通过内销，在国内市场形成品牌优势，在条件成熟时再推向国际市场。

三是推动加工贸易产业集群的形成。鼓励加工贸易上下游企业集聚，推动加工贸易形成产业集群，带动物流、信息等生产性服务业发展，进一步推动加工贸易企业扎下根。从东莞调研情况看，在面临要素成本上升、人民币升值等压力下，多数企业仍愿意留在东莞继续发展，最重要的原因就在于东莞已形成若干产业集群并且规模还在不断扩大，企业可充分利用产业集群的协作配套优势，降低物流、信息成本。产业集群是吸引企业扎根非常重要的因素。

四是推动加工贸易企业拓展内销。加工贸易企业拓展内销，有利于其抓住内地扩大内需的机遇，规避国际市场波动的风险，保持企业经营状况的相对稳定。同时，内销市场扩大有利于吸引加工贸易企业扎根留下来，进而向内地纵深发展。从东莞调研情况看，加工贸易企业扩大内销遇到了不少困难，其中有一些是企业自身原因所致，包括对国内消费市场不了解、缺乏营销渠道、产品不符合国内消费者的习惯与心理等，有一些是国内市场环境所致，包括知识产权保护不规范、市场秩序比较混乱以及地方政府部门执法不透明等，而有一些则是政策转型滞后所致，包括监管物料管理政策、海关物料单价审核政策等。下一步应从加快政策转型和营造良好的市场环境入手，推动加工贸易企业拓展内销。

（二）推动加工贸易与内生经济因素关系的转型升级

一是提升民营企业为加工贸易企业进行配套的能力，提升加工贸易企业的国内配套比例，推动加工贸易要素和料件的本地化。东莞的情况是，加工贸易企业的国内原材料和零部件配套比例很低，大多在 10% 以下；国内配套中以人民币支付的比例，即民营企业配套的比例更低，大多在1%以下，其余国内配套属于国内加工贸易企业之间的深加工结转。民营企业配套比例很低主要有两个原因：一是民营企业产品质量和技术水平达不到配套要求，加工贸易企业必须进口相关原材料和零部件；二是民营企业产品技术水平虽达到了配套要求，但未进入跨国公司的全球采购网络，加工贸易企业只能从境外母公司指定的供货商处采购相关原材料和零部件。下一步，应推动民营企业产品质量、性能的提升，鼓励民营企业进口先进技术和设备，按照国际标准生产简单乃至复杂的零部件，推动民营企业"走出去"参与跨国公司全球采购网络中的竞争，提升民营企业为加工贸易企业提供配套的能力。

二是促进内生经济因素的成长，切实帮助国内企业特别是民营企业成长为加工贸易主体，推动民营企业融入跨国公司的全球供应链。目前加工贸易以外商投资企业为主体，民营企业参与国际化程度较低。下一步，首先通过鼓励民营企业为加工贸易企业配套，通过"干中学"提升民营企业的生产能力，推动民营企业参与到跨国公司的全球采购网络中；其次鼓励民营企业直接接单生产，接受国际市场的高标准要求，融入跨国公司的全球供应链。

（三）推动加工贸易区域布局的转型升级

加工贸易区域布局调整是我国的既定政策。不过，目前调整的主要方向是推动加工贸易从东部向中西部梯度转移，一方面实现东部地区的转型升级，另一方面推动中西部地区的工业化。

然而，加工贸易区域布局的调整必须遵循客观市场规律。加工贸易两头在外的特点，决定了其必须靠近港口以降低物流成本，东部地区在这方面具有天然的优势。目前，我国实行东部和中西部地区差异化的加工贸易政策，对东部地区新设立的外贸企业不予批准限制类商品加工贸易业务；对于从事限制类商品加工贸易业务的企业，如果在东部地区，则即便是A类企业也要纳入银行保证金台账实转管理，而如果在中西部地区，则A类和B类企业实行空转管理，只有C类企业需要实转。这种激励和惩罚并用的政策，目的是推动加工贸易企业向中西部地区转移。然而，从东莞调研情况看，在中西部地区产业集聚配套能力、投资环境和物流成本都没有明显优势的情况下，企业对这种差别化政策的反映，很可能不是迁往中西部地区，而是迁往国外。

因此，下一步加工贸易区域布局调整，应遵循局部小调整优先、全国大调整随后的原则，按照“省内调整—东部区域内调整—中西部临近地区调整—中西部纵深地区调整”的顺序，充分发挥东部地方政府留住加工贸易企业的积极性，鼓励加工贸易企业由近及远顺次转移产业链的劳动密集型环节。从广东省的实践来看，这一调整顺序是可行的。广东省充分利用粤北地区和粤东西两翼地区相对落后，与深圳、东莞呈阶梯状发展的特点，鼓励深圳、东莞加工贸易企业将劳动密集型工序转移至这些地区，既推动了深圳、东莞加工贸易企业向更高级形态转化，也推动了省内落后地区的工业化，同时使得加工贸易企业依然在一个相对熟悉的投资环境和地理环境中发展。

（四）推动加工贸易市场环境和政策环境的转型升级

一是推动加工贸易要素市场环境的转型，增强劳动者权益保护，加大土地、环境保护和约束，推动能源、资源市场定价，提高加工贸易企业的社会责任意识。

二是抓好本地基础教育、高等教育和职业教育，一方面为加工贸易增加总部经济要素提供人力资本；另一方面为加工贸易研发、管理人才的本地化提供良好的教育环境。

三是推动加工贸易企业上市，利用境内外资本市场增强融资能力，同时对加工贸易企业形成比较规范的市场激励和约束机制。

六、加工贸易转型升级中的几个问题

（一）加工贸易转型升级应充分尊重企业的自主选择权，不能搞“一刀切”

加工贸易转型升级不能要求所有企业都从低附加值的加工组装环节向高附加值的复杂零部件生产、研发设计以及流通营销环节延伸，不能要求所有企业都从劳动密集型产品的加工制造向高技术产品的加工制造转型，不能要求所有企业都实施品牌战略。事实上，我国低素质劳动力仍然相当丰富，劳动密集型产业和劳动密集型环节必须适当存在，才能解决这部分劳动力的就业和收入问题。一些劳动密集型代工企业，比如东莞新科实业公司，在本领域已做到世界顶尖，世界各大品牌对其依赖程度较高，继续维持代工模式也能为本企业带来较高的利润，没有动力向产业链上下游延伸。因此，加工贸易转型升级的结果应形成高端环节与低端环节并存，高技术产业与传统产业并存，自有品牌模式与代工、贴牌模式并存的多层次格局。政府的政策应以引导和激励为主，对不按照政府意图进行转型升级的企业，要充分尊重其自主选择权，不能采用惩罚性手段强制企业转型。

（二）我国劳动力成本优势正在消失，加工贸易转型升级任务紧迫；但我国整体营商环境仍具有吸引力，可为扎实推进加工贸易转型升级争取一定时间

加工贸易最初建立在我国低廉的劳动力成本的基础上。而目前，与亚洲国家相比，我国这一优势正在消失，加工贸易转型升级任务紧迫。

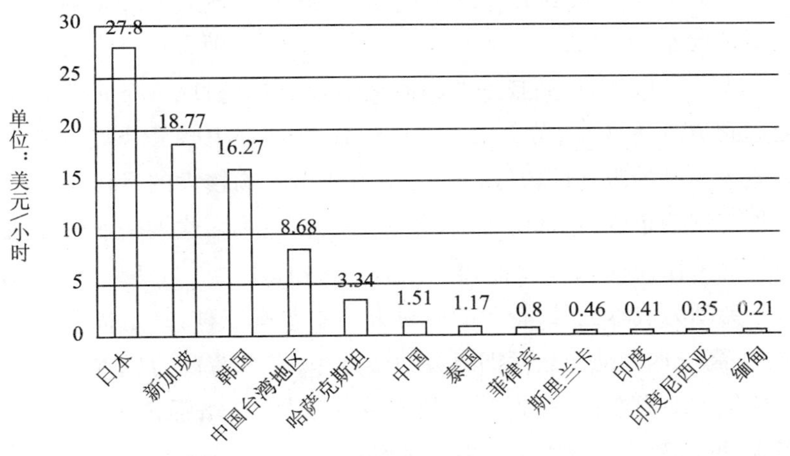

图 8-2 2008 年亚洲若干国家(地区)制造业劳动力工资状况

注：日本、新加坡、韩国和中国台湾地区为当年制造业劳动力每小时补偿成本，其余各国为制造业劳动力每小时工资；其中，印度、印度尼西亚为 2006 年数据，菲律宾为 2007 年数据

资料来源：国际劳工组织、美国劳工部，并经笔者计算

不过，从东莞调研情况看，几乎没有企业准备将工厂迁往东南亚国家。

主要原因在于：首先，东莞地区已形成比较完善的加工贸易产业集群，除非上下游企业共同搬迁，否则单个企业搬迁会带来较高的成本；其次，我国劳动力成本虽然上升，但我国劳动力结构正在优化，高端劳动力、熟练劳动力和技术工人日益增多，劳动者的职业精神和职业素养明显优于越南、柬埔寨等国家；最后，我国东部发达地区地方政府服务意识较强，政府法律法规透明，企业与政府打交道的交易成本较低。相比之下，东南亚、南亚国家则由于劳动力素质不高、硬件设施落后、政府行为不规范以及社会治安混乱等原因，整体营商环境的吸引力不如我国。

因此，一方面我国要提高加工贸易转型升级的紧迫感；另一方面也要看到我国目前的优势所在，推动加工贸易产业集群的形成和扩大，加快改善东部欠发达地区和中西部地区的交通设施状况与投资环境，促使加工贸易扎下根。

（三）劳动力成本上升对不同类型加工贸易企业的影响不尽相同

劳动力成本在总成本中所占比重越低，劳工成本上升的影响越小。从东莞调研情况看，劳动力成本占比20%以下的企业，劳工成本上升对企业的影响都不大。一般而言，高技术产品制造企业，原材料成本在企业总成本中占比会达到70%～80%，劳工成本占比较低，一般在10%以下。这类企业对劳动力成本上升的敏感性较低。受劳动力成本影响较大的是传统劳动密集型产品加工制造企业，包括纺织、服装、家具、箱包等。这类企业劳工成本占总成本的比重往往在20%以上，有的达到30%以上。

对于劳动力成本上升，企业的应对方式主要有三种：一是提升生产自动化水平，提高资本劳动比从而提高劳动生产率，在总劳动力成本不变的情况下降低单位劳动成本；二是提升产品质量和附加值，增强议价能力，扩大企业销售额，抵消劳动力成本上升对企业利润率的影响；三是将无法自动化的劳动密集型加工组装环节转移。从东莞企业的反映看，第三种方式是迫不得已的最后选择。因此，一方面不必担心劳动力成本上升对企业会形成普遍压力；另一方面可采取一定的政策，增加企业提升生产自动化水平和提升产品质量、附加值的动力，在提高劳动者收入的同时，实现劳动者与企业的双赢。

（四）人民币升值对不同类型加工贸易企业的影响不尽相同

人民币升值对企业的影响，取决于企业收入和成本的币种结构。按照企业收入与成本结构中人民币比重的高低，可将企业大致划分为四种类型：

人民币成本占总成本比重 \ 人民币收入占总收入比重	高	低
高	A	B
低	C	D

A 类企业：人民币收入比重高，人民币成本比重也高。这类企业属于加工贸易企业中转型较快的一种。一方面，以人民币支付的国内原材料、零部件采购成本以及劳动力成本已占据企业成本较高的比重，另一方面企业产品以内销为主，内销收入占据企业收入的较高比重。这一类企业因其收入和成本很大程度上已人民币化，因此受人民币升值影响并不明显。

B 类企业：人民币收入比重低，人民币成本比重高。这类企业典型的如纺织类企业，其原材料采购基本在国内并且用人民币支付，而其产品多数出口，收入以美元计价。在人民币升值的情况下，这类企业的收入缩水，弥补成本的能力下降。人民币升值对这一类企业的压力最大。

C 类企业：人民币收入比重高，人民币成本比重低。这类企业原材料、零部件主要依靠进口或国内深加工结转，以美元支付为主；而企业产品多数用于内销，收入以人民币计值为主。人民币升值会使这类企业的成本缩水，提高其利润率。人民币升值给这一类企业带来的收益最大。

D 类企业：人民币收入比重低，人民币成本比重也低。这是典型的两头在外加工贸易企业的特征。其原材料、零部件采购主要依靠进口或国内深加工结转，以美元支付；而其产品大部分甚至全部出口，收入也以美元计值。由于人民币在其收入和成本中的比重都较低，因此人民币升值对这一类企业的正面和负面影响都不大。从东莞情况看，只要劳动力成本在企业成本中所占比重不高，多数两头在外的加工贸易企业并没有感受到人民币升值的显著压力。

总之，受到人民币升值影响较大的企业大致有两类：一类是使用国内原材料、零部件较多同时出口较多的企业，另一类是劳工成本在总成本中占比较高的“两头在外”加工贸易企业。从东莞情况看，这两类企业主要集中在传统产品制造领域，特别是毛纺织领域。国内原材料、劳工成本上涨和人民币升值，会给这些企业成本上升形成叠加影响。

七、政策建议

推动加工贸易转型升级，需要中央政府与地方政府政策的协调配合。

（一）推动加工贸易企业转型升级的政策

1. 对于加工贸易业务占总业务达到一定比例以上的企业，适当放宽高新技术企业认定标准，提高加工贸易企业通过增加研发投入享受高新技术企业税收优惠的积极性。

2. 对于跨国公司将研发、设计等服务机构转移至我国的做法，鼓励地方政府从土地优先、财政补贴等方面予以鼓励。

3. 鼓励地方政府通过财政补贴方式，推动加工贸易企业进口先进技术和设备，增加研发、设计投入；对加工贸易企业中从事研发的高层次劳动者给予一定财政补贴，并在落户、子女教育等方面给予一定优惠。

4. 鼓励地方政府搭建公共创新平台，联结政产学研，为加工贸易企业提供产品研发设计、产品创意概念、产品企划等多方面的专业服务。

5. 推动加工贸易企业上市，可考虑在深圳证券交易所试行加工贸易企业板，为加工贸易并购国外品牌提供资金支撑。

6. 推动海关物料单价审理政策改革，依据企业提供的境外原厂数据确定企业的进口物料实际价格，减轻加工贸易企业内销“先销后税”的税收负担。

7. 改善国内市场环境，加大知识产权保护力度，加快物流、信息、分销、终端等流通体系建设，破除地方市场保护和区域行政壁垒，加快全国性统一大市场的形成。

（二）推动内生经济要素成长的政策

从信贷、财政补贴、信息服务、人才培训等方面，解决民营企业缺少资金、缺少国际市场信息以及缺少专门技术人才的问题，提高民营企业关键零部件生产能力；搭建平台，实现民营企业供货商与大型跨国公司采购商的对接，让跨国公司了解、接受民营企业的产品；对相关部门和地方政府提高民营企业为加工贸易企业配套能力的情况进行考核。

随着加工贸易企业国内采购比例的加大，人民币升值对其影响会增加。因此，在推动加工贸易料件本地化的同时，要推动加工贸易企业拓展内销，增加人民币收入；同时要保持人民币稳步升值，避免人民币汇率骤然下降，给加工贸易企业以较稳定的预期。从东莞调研情况看，只要人民币升值预期每年能稳定在4% ~5%，那么加工贸易企业一般有能力将人民币升值的损失部分或全部转嫁至出口品价格中。国外采购商，特别是欧美采购商，由于与东莞加工贸易企业形成长期的合作关系，对其品质较为信赖，对这种转嫁一般也能接受。

（三）推动加工贸易区域布局转型的政策

改变目前对东部和中西部地区"有保有压"的政策导向，转为"有保有促"的差异化政策，即在保持东部地区优惠政策不变的情况下，在中西部实施更优惠的政策。同时，鼓励东部各省就近承接加工贸易产业转移；加强中西部与东部地区的交通联系，增加若干横跨我国东西的铁路、公路干线，降低中西部到东部沿海港口的物流成本。

（四）推动加工贸易市场环境和政策环境转型的政策

1. 强化实施劳动者权益保护机制，加快覆盖全体农民工的社会保障体系建设并完善社保关系接续制度。

2. 在加工贸易企业中推动工资集体协商机制，提高工人的工资谈判能力。同时，改革企业税费制度，减少和免除不必要的行政事业性收费，降低企业负担。这样做的结果是，在政府、加工贸易企业和工人三方收入分配格局中，工人收入提高，企业基本不变，政府收入减少。

3. 对于企业进口先进设备、提高生产自动化水平的做法给予税收便利，改变目前先征后返的做法，改为免征免返，加快企业资金周转。

4. 实施更严格的环境保护机制，除了通过设定限制类和禁止类加工贸易产品目录外，还可以考虑通过财政补贴的方式鼓励加工贸易企业增加环保投入。

（五）给予加工贸易转型升级试点城市更多先行先试政策优惠

2010年11月，苏州和东莞被批准为加工贸易转型升级试点城市。下一步，应从外资、税收、海关监管、人力资源等方面给予试点城市更多先行先试政策优惠，具体包括：

外资方面，允许境外投资者以人民币进行投资；扩大试点城市外资项目审批权限；授予试点城市外商投资性公司更多政策优惠；下放试点城市外商设立独立法人研发中心审批权限，并降低投资准入门槛。

税收方面，明确试点城市转型企业的所得税处理规定；完善出口退（免）税指标需求沟通机制；支持试点城市扩大入仓退税试点范围。

海关方面，支持试点城市设立更多海关特殊监管区域；将保税物流中心功能延伸到“两仓”和车检场；简化外发加工的审批手续；探索建设外经贸部门、海关和企业“三方联网”加工贸易管理模式；建立跨关区“一关通”机制；允许试点城市加工贸易企业购进设备实行增值税台账空转；允许加工贸易企业余料、残次品国内结转；增加入仓即退税出口监管仓的国内物流配送功能；允许保税仓货物抵押和质押。

人力资源方面，完善来料加工企业转为三资企业后的用工政策衔接；下放试点城市新工种开发的审批权限；支持推进职称制度改革；支持试点城市与港台共建职业技能培训中心。

其他方面，放宽国家重点实验室、国家工程技术中心认定标准；支持试点城市建立内外销产品相关强制性认证互认机制；明确内、外销产品日常质量监管的结果认可；授权试点城市法定检验机构依资质承担生产许可证、强制性产品认证的发证检验；加大对企业研发、检验、认证费用的政策支持力度；明确加工贸易内销检验检疫监管；进一步完善通关单联网核查机制。

（执笔人：杨长湧）